KB151716

이창호 바둑입문 1
- 왕초보 편 -

이창호·성기창 공저

다산출판사

머리말

인류가 만들어 낸 많은 게임 중에 바둑처럼 오래된 역사를 간직하고 있는 게임을 찾아보기란 쉽지 않습니다. 그토록 오랜 역사를 간직하며 바둑이 두어지고 있다는 것은 그만큼 바둑이 재미있는 게임이며 흥미 요소 외에 특별한 그 무엇이 존재한다는 증거일 것입니다. 바둑은 오랜 기간 동안 한, 중, 일 동양 3국을 중심으로 크게 성행을 했습니다. 그렇지만 현대에는 전 유럽뿐만 아니라 미국, 동남아시아 등 세계 전역에서 골고루 두어지고 있을 만큼 많은 인기를 누리고 있습니다. 이처럼 흥미진진한 바둑의 세계에 입문한다는 것은 학문을 통해 최고의 진리를 탐구하는 지성인들에게 또 다른 세상을 경험할 수 있는 더 없이 좋은 기회가 될 것입니다. 그런데 중요한 것은 그토록 흥미진진한 바둑을 어떻게 배울 것인가 하는 점입니다. 혹자는 '바둑처럼 쉬운 게임도 없다' 라고 얘기를 하지만 바둑을 처음 접하는 입문자 입장에서는 어디에서부터 어떻게 시작해야 할지 막막하기 그지없는 것이 현실입니다. 사실 바둑을 잘 두기 위해서는 포석, 정석, 행마, 사활 등등 기본적으로 습득해야 할 것들이 너무도 많습니다. 하지만 그런 모든 것들을 모두 암기해야만 한다면 이보다 더 곤혹스러운 일도 없을 것입니다. 그렇지만 크게 걱정할 필요는 없습니다. 바둑의 핵심 원리를 알고 그 원리를 토대로 응용할 수 있다면 손쉽게 입문할 수 있기 때문입니다. 그런 의미에서 이 책은 바둑 입문자들이 바둑을 손쉽게 이해할 수 있도록 원리적인 내용으로 구성되었다는 측면에서 큰 의미가 있다고 할 수 있을 것입니다. 부디 이 책이 바둑에 입문하고자 하는 모든 분들께 좋은 길잡이가 될 수 있기를 기대합니다.

2015년 2월 저자

차 례

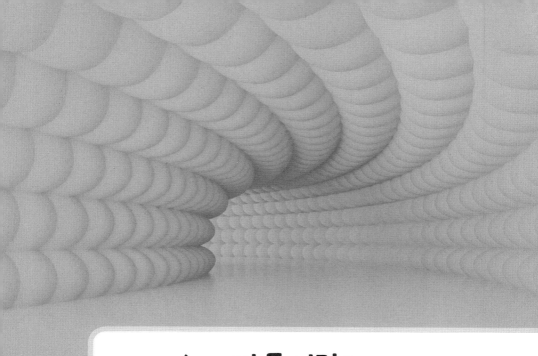

제1장 바둑이란?

바둑은 두 사람이 흑과 백의 바둑돌을 가지고 바둑판 위에 교대로 돌을 놓아 영토(領土)를 차지하는 게임입니다. 즉 흑과 백 중 영토를 많이 차지한 쪽이 이기는 게임이 바로 바둑입니다. 이 장을 통해서는 영토에 대해서 알아보겠습니다.

1. 바둑이란 어떤 게임인가?

(그림 1) 영토를 차지하기 위해 놓인 돌들

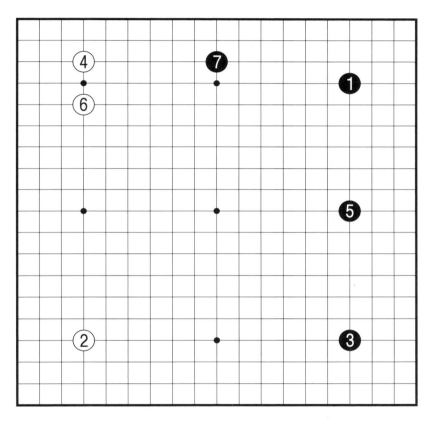

바둑의 게임방법은 간단합니다. 두 사람이 바둑판을 놓고 마주 앉아 서로
번갈아 가며 바둑돌을 한 개씩 바둑판 위에 올려놓는 식으로 바둑을 둡니
다. 바둑돌을 바둑판 위에 놓는 목적은 바로 영토를 차지하기 위함입니
다. 위 그림에서 흑1부터 7까지 한수 한수의 착점들은 모두 영토를 차지
하려는 목적으로 놓여진 돌입니다.

(그림 2) 완성된 흑과 백의 영토

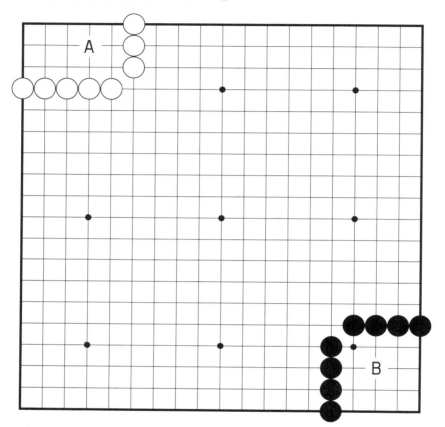

위 그림은 완성된 영토의 모습입니다. 영토란 이 그림처럼 같은 편 돌로
에워싼 안쪽의 영역을 가리킵니다. 즉, 이 그림에서 같은 편 돌로 울타리
를 쳐서 에워싸면 영토가 마련됩니다. 영토는 '땅(地)'이나 '집'이라고 불
리기도 하는데, 영토를 많이 차지한 쪽이 게임에서 승리하게 됩니다. 백은
A의 곳에, 흑은 B의 곳에 영토를 마련하였습니다. 바둑을 계속 두어 가면
마지막에 가서 이처럼 경계선이 완벽한 영토가 형성됩니다.

(그림 3) 승패를 결정하는 방법

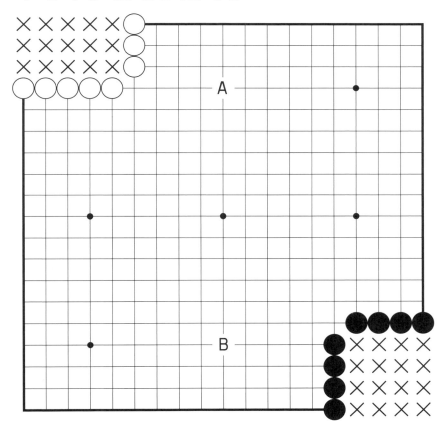

영토는 에워싼 안쪽의 집 수, 즉 ×표의 수에 의해서 크기가 결정됩니다. A의 형태에서 백은 ×로 표시한 15집, B의 형태에서 흑은 ×로 표시한 16집의 영토를 차지하고 있습니다. 이 두 영토를 비교하면 흑이 1집 더 많습니다. 만일 이 두 영토만 가지고 승패를 가린다고 하면 흑이 1집을 이기게 됩니다. 물론 실전(實戰)에서는 바둑판 전체에서 차지한 영토를 비교하여 승패를 가립니다.

(그림 4) 영토의 조건 1

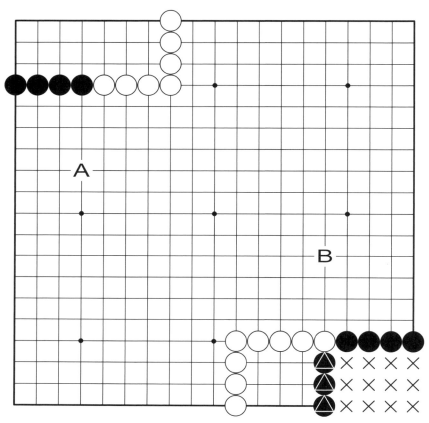

영토가 되려면 몇 가지 조건을 갖춰야 합니다. 첫 번째 조건은 같은 편 돌로 에워싸야 한다는 것입니다. A의 형태는 흑과 백이 붙어 있는 모습인데 같은 편 돌로 에워싸지 않았기 때문에 이것은 누구의 영토도 아닙니다. B에서 ●처럼 돌이 추가되어야만 흑은 비로소 ×로 표시한 12집의 영토를 차지할 수 있습니다.

(그림 5) 영토의 조건 2

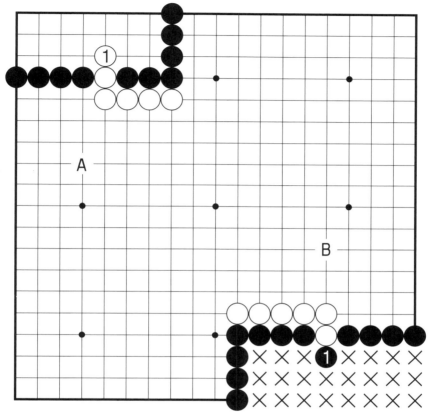

영토를 만들기 위한 두 번째 조건은 밖에서 침입당할 여지가 없어야 한다는 것입니다. A의 형태는 흑이 에워싸려 하는 지역을 백1로 뚫고 들어온 모양입니다. 이런 모양은 흑의 영토가 아닙니다. 흑은 B의 형태처럼 1로 막아 백이 쳐들어오지 못하게 해야 비로소 ×로 표시한 23집의 영토를 차지할 수 있습니다.

(그림 6) 영토의 조건 3

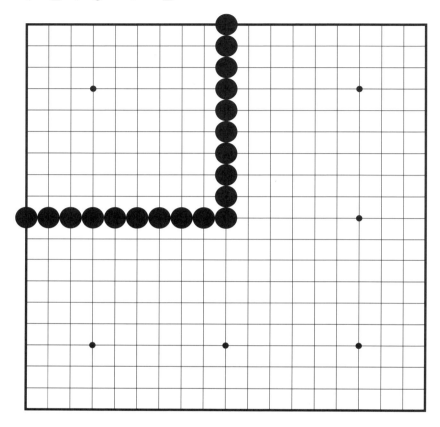

영토가 되기 위한 세 번째 조건은 상대방이 내가 생각하고 있는 영토 안에 들어와 살 수 없어야 한다는 것입니다. 위 그림에서 흑이 바둑판의 1/4을 완벽하게 에워쌓습니다. 그렇지만 이렇게 넓게 에워싼다고 해도 모두 영토가 되는 것은 아닙니다. 왜냐하면 이곳은 너무 넓어서 백이 뛰어들어올 가능성이 있기 때문입니다.

(그림 7) 백의 영토로 바뀜

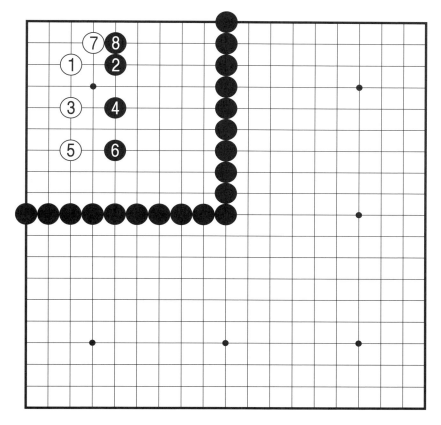

흑의 영토에 백1로 들어올 수 있습니다. 이 침입자를 흑이 잡지 못하면 이 곳은 흑의 영토라고 할 수 없습니다. 흑2로 백을 잡으려 하여도 백은 7까 지 10집이 넘는 영토를 차지하고 살게 됩니다. 이렇게 되면 흑의 영토로 생각했던 곳이 크게 깨지면서 오히려 백의 영토로 변한 결과입니다.

(그림 8) 위치에 따른 고유명칭

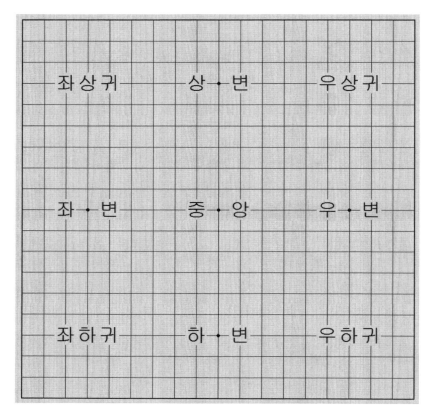

귀와 변은 위치에 따라 이름이 붙여져 있습니다. 예를 들어 좌상귀란 바둑판 왼쪽의 위쪽에 위치하고 있다고 해서 붙여진 이름입니다. 이와 마찬가지로 좌하귀란 바둑판 왼쪽의 아래쪽에 있는 귀를 말하는 것입니다. 또한 상변은 바둑판 위쪽에 위치하고 있는 변을 뜻하며 우변은 바둑판 오른쪽 부분을 가리킨다는 것을 알 수 있습니다. 같은 의미에서 하변은 바둑판 아래쪽에 위치하고 있는 변을 뜻하며 좌변은 바둑판의 왼쪽, 그리고 중앙은 바둑판의 중앙쪽 부근을 뜻하는 명칭입니다.

(그림 9) 바둑판 위의 선들이 갖고 있는 명칭

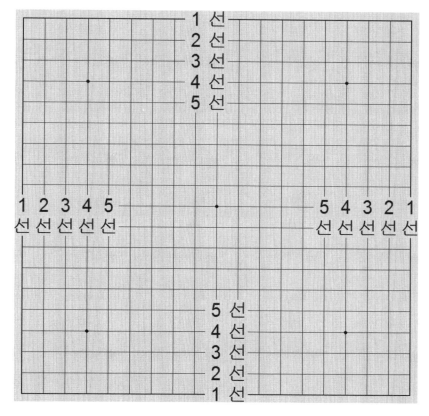

바둑판은 가로세로 모두 19줄로 구성되어 있습니다. 제일 가장자리에 있는 선을 가리켜 1선이라고 부르며 2번째 선을 2선, 3번째 선을 3선이라고 부릅니다. 바둑판 위에 존재하는 각각의 선들은 중요한 특징들을 가지고 있습니다. 1선은 보통 사망선이라 불리며 죽음의 선이라는 뜻을 갖고 있습니다. 2선은 패망한다는 뜻에서 패망선이라 불리며 1선과 같이 잘 두지 않는 선입니다. 그러나 3선과 4선은 각각 실리선과 세력선이라 불리며 가장 많이 두어지는 선들입니다. 3선은 당장 집을 만들기 쉽기 때문에 실리선이라 불리며 4선은 먼 훗날 집을 크게 만들 가능성이 있어 세력선이라 불립니다.

제2장 활로는 바둑돌의 생명줄

사람이 호흡을 하지 못하면 살 수 없듯이 바둑돌도 숨을 쉬지 않으면 살 수 없습니다. 이처럼 바둑돌이 살기 위해 숨을 쉴 수 있는 곳을 가리켜 활로라고 부릅니다. 이번 장을 통해서는 돌의 활로에 대해 공부해 보도록 하겠습니다.

장면도

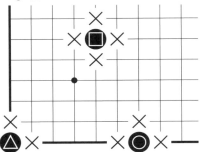

바둑판 위에 놓인 돌들은 모두 활로를 갖게 됩니다. 좌하귀 흑▲ 한점은 ×로 표시한 두 개의 활로를 갖고 있는 반면, 변의 흑● 한점은 ×로 표시한 세 개의 활로, 중앙의 흑■ 한점은 ×로 표시한 네 개의 활로를 갖고 있습니다. 결국 1선보다는 중앙 쪽에 가까울수록 활로가 많습니다.

1도 (활로가 줄어든 돌)

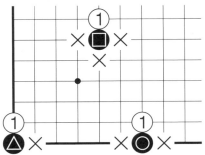

흑▲ 한점에 대해 백이 1처럼 두면 흑 한점의 활로는 이제 ×의 곳 한 개뿐입니다. 흑● 한점은 백1로 인해 활로가 ×의 두 개뿐입니다. 그러나 중앙에 놓여 있는 흑■ 한점은 백1로 두어 활로를 줄여도 ×로 표시한 세 개의 활로를 갖고 있기 때문에 생명에 큰 위협을 느끼지 않습니다.

2도 (바둑돌의 죽음)

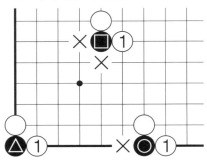

흑▲ 한점에 대해 백이 또다시 1로 두면 이제 흑 한점은 활로가 전혀 없는 돌이 됩니다. 흑● 한점은 백1로 인해 활로가 1개뿐이므로 사망하기 일보직전입니다. 그러나 흑■ 한점은 백1로 두어도 ×로 표시한 두 개의 활로를 갖고 있기 때문에 아직은 죽음을 걱정하지 않아도 됩니다.

3도 (활로를 늘리는 방법)

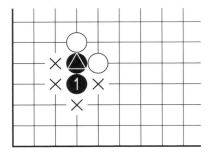

바둑돌이 바둑판 위에서 오래오래 살아남기 위해서는 활로를 많이 확보하는 것이 중요합니다. 활로를 늘리는 방법으로는 뻗는 것이 좋은 방법 중 하나입니다. 흑1처럼 두는 것을 가리켜 뻗음이라고 하는데 두 개뿐이었던 흑▲ 한점의 활로가 흑1로 인해 네 개로 늘어났습니다.

익힘문제 1

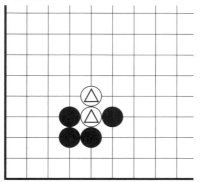

흑은 백△ 두점의 활로를 모두 막
아서 잡고 싶습니다. 백△ 두점의
활로는 모두 몇 개일까요?

정답

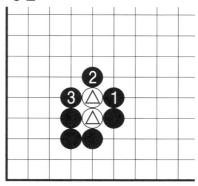

흑1부터 3까지 세 개의 활로를 막
으면 백 두점을 잡을 수 있습니다.
그러므로 백의 활로는 모두 세 개
입니다.

익힘문제 2

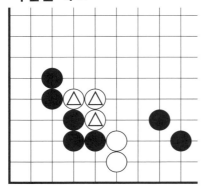

흑이 백△ 석점을 잡고자 한다면
모두 몇 개의 활로를 막아야 할까
요?

정답

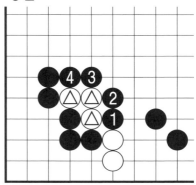

흑1부터 4까지 네 개의 활로를 막
으면 백 석점이 숨을 쉬지 못하고
사망합니다.

익힘문제 3

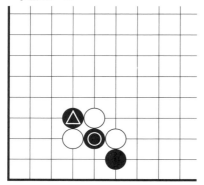

바둑돌은 활로가 적을수록 더 약한 돌입니다. 그렇다면 흑▲ 한점과 흑◉ 중 약한 돌을 찾아서 활로를 늘려 보세요.

정답

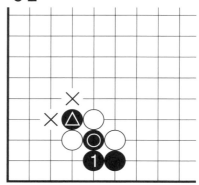

흑▲ 한점은 ×로 표시한 두 개의 활로를 가지고 있고 흑◉ 한점은 활로가 한 개뿐입니다. 따라서 흑◉ 한점이 더 약한 돌이므로 흑1로 보강하는 것이 정답입니다.

익힘문제 4

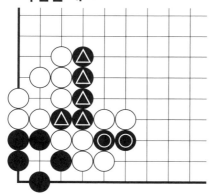

흑▲ 다섯점과 흑◉ 두점 중 약한 돌을 찾아서 활로를 늘려 보세요.

정답

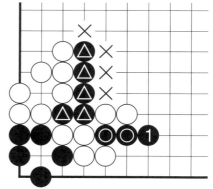

흑◉ 두점은 활로가 두 개뿐이므로 흑1로 뻗어서 활로를 넓히는 것이 정답입니다. 흑▲ 다섯점은 ×로 표시한 네 개의 활로를 갖고 있으므로 흑◉ 두점에 비해 더 강한 돌입니다.

연습문제 1~6

백△ 돌이 숨을 쉬지 못하도록 백돌의 활로를 흑돌로 모두 막아 보세요.

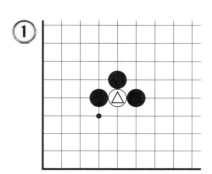

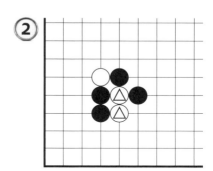

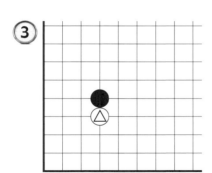

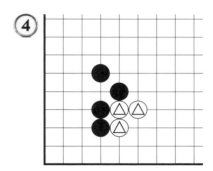

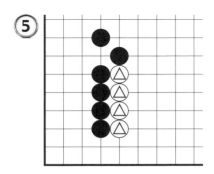

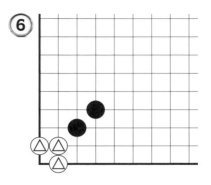

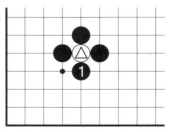

흑1로 막으면 백△ 한점이 숨을 쉬지 못하고 죽게 됩니다.

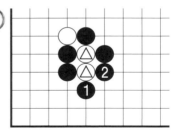

백△ 두점을 잡기 위해서는 흑1에서 2까지 두 개의 돌이 필요합니다.

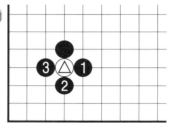

백△ 한점은 흑1에서 3까지 세 개의 활로가 막히면 죽게 됩니다.

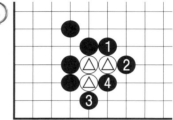

백△ 석점을 잡기 위해서는 흑1에서 4까지 네 개의 돌이 필요합니다.

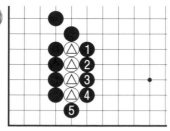

백△ 넉점은 흑1에서 5까지 다섯 개의 활로가 막히면 숨을 쉬지 못하고 죽게 됩니다.

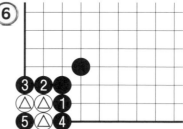

백△ 석점은 흑1에서 5까지 다섯 개의 활로가 막히면 죽습니다.

연습문제 7~12

백⬡ 돌이 숨을 쉬지 못하도록 백돌의 활로를 흑돌로 모두 막아 보세요.

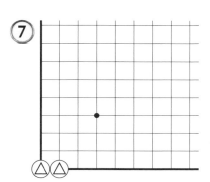

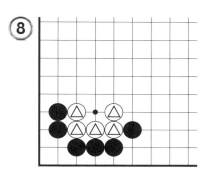

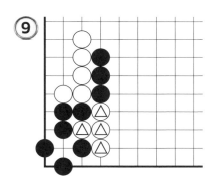

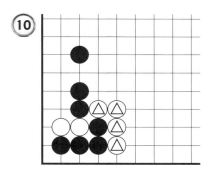

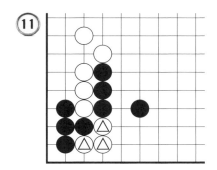

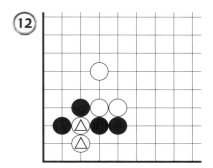

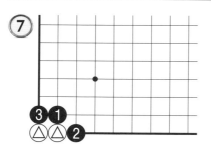

백△ 두점은 흑1에서 3까지
세 개의 활로가 막히면 사망
합니다.

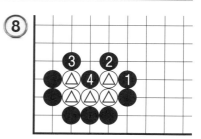

백△ 다섯점을 잡기 위해서
는 흑1에서 4까지 네 개의 흑
돌이 필요합니다.

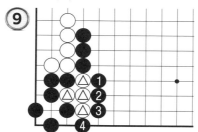

백△ 넉점을 잡기 위해서는
흑1에서 4까지 네 개의 돌이
필요합니다.

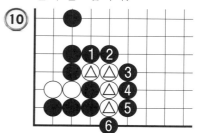

백△ 넉점은 흑1에서 6까지
여섯 개의 활로가 막히면 죽
습니다.

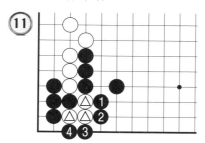

백△ 석점은 흑1에서 4까지
네 개의 활로가 막히면 죽습
니다.

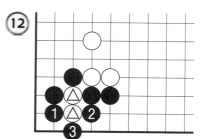

백△ 두점은 흑1에서 3까지
세 개의 활로가 막히면 죽습
니다.

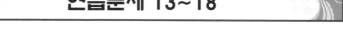

백⚪ 돌이 숨을 쉬지 못하도록 백돌의 활로를 흑돌로 모두 막아 보세요.

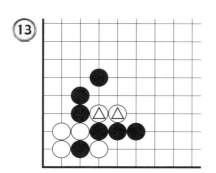

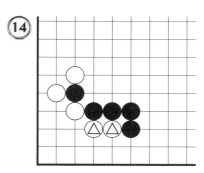

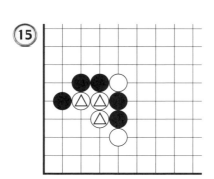

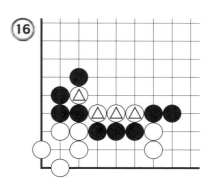

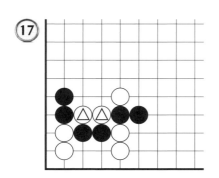

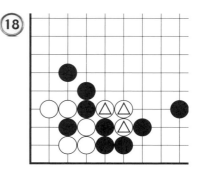

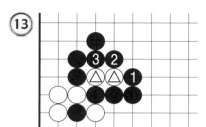

백△ 두점은 흑1에서 3까지 세 개의 활로가 막히면 죽습니다.

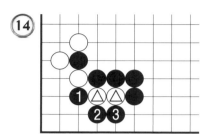

백△ 두점은 흑1에서 3까지 세 개의 활로가 막히면 죽습니다.

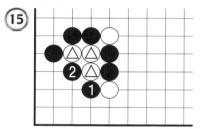

백△ 석점은 흑1에서 2까지 두 개의 활로가 막히면 죽습니다.

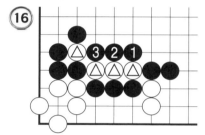

백△ 넉점을 잡기 위해서는 흑1에서 3까지 세 개의 흑돌이 필요합니다.

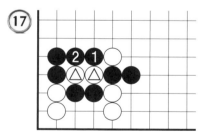

백△ 두점은 흑1에서 2까지 두 개의 활로가 막히면 죽습니다.

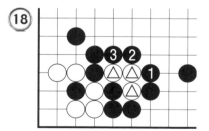

백△ 석점은 흑1에서 3까지 세 개의 활로가 막히면 죽습니다.

연습문제 19~24

백⚪ 돌이 숨을 쉬지 못하도록 백돌의 활로를 흑돌로 모두 막아 보세요.

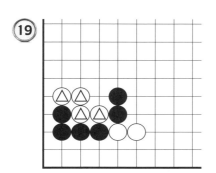

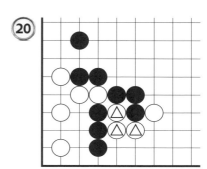

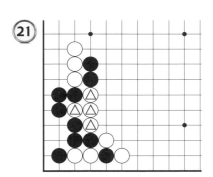

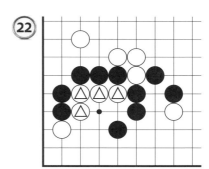

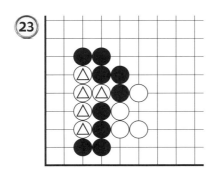

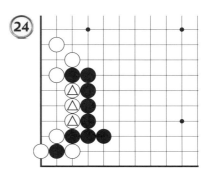

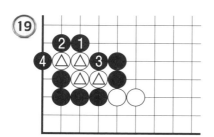

백△ 넉점은 흑1에서 4까지
네 개의 활로가 막히면 죽습
니다.

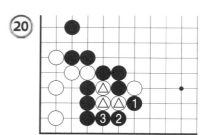

백△ 석점은 흑1에서 3까지
세 개의 활로가 막히면 죽습
니다.

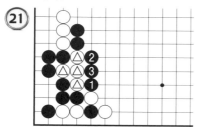

백△ 넉점은 흑1에서 3까지
세 개의 활로가 막히면 죽습
니다.

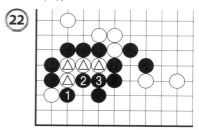

백△ 넉점은 흑1에서 3까지
세 개의 활로가 막히면 죽습
니다.

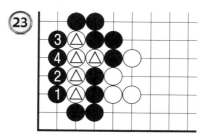

백△ 다섯점은 흑1에서 4까
지 네 개의 활로가 막히면 죽
습니다.

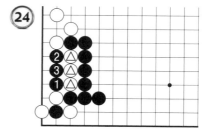

백△ 석점은 흑1에서 3까지
세 개의 활로가 막히면 죽습
니다.

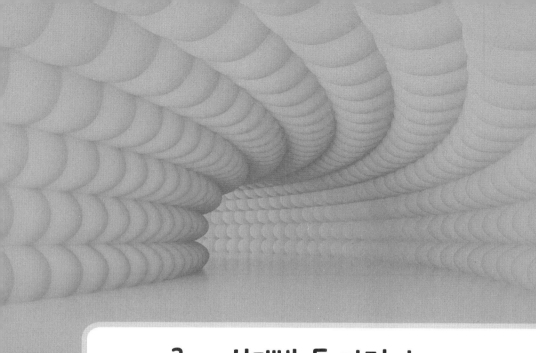

제3장 상대방 돌 따먹기

상대방 돌을 따먹기 위해서는 단수 상태가 된 돌이 있나 없나를 잘 살펴보아야 합니다. 이 장을 통해서는 단수 상태가 된 상대방 돌을 찾아 돌을 따먹는 훈련을 하도록 하겠습니다.

장면도

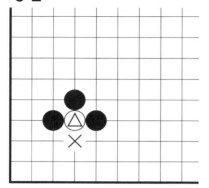

백△ 한점의 활로가 ×로 표시한 한 개뿐입니다. 이런 상태를 가리켜 단수라고 부릅니다. 이처럼 단수가 된 돌은 흑이 먼저 두면 따먹을 수 있습니다.

1도(백, 죽음)

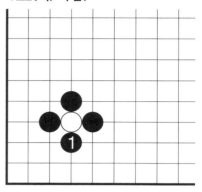

흑이 1로 두어 마지막 남은 백의 활로를 막으면 백 한점을 따먹을 수 있습니다.

2도(석점 따먹기)

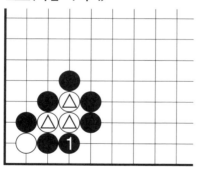

돌의 개수가 많아도 활로를 모두 막으면 잡을 수 있습니다. 흑1로 두면 백△ 석점의 활로가 모두 막혀 버립니다.

3도(흑이 따먹힘)

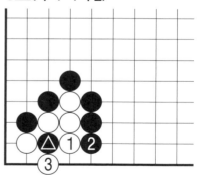

흑이 따먹지 않고 손을 빼면 백이 먼저 1로 단수를 칩니다. 흑2로 막아도 백3으로 흑▲ 한점의 활로를 막으면 흑▲ 한점이 따먹히고 맙니다.

익힘문제 1

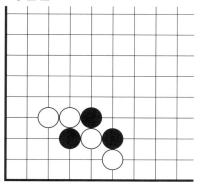

흑은 단수 상태가 된 백돌을 찾아 따먹고 싶은데 어느 곳에 두어야 할까요?

정답

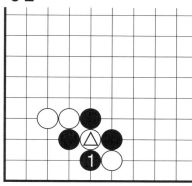

흑1로 두면 백△ 한점의 활로를 모두 막아 따먹을 수 있습니다.

익힘문제 2

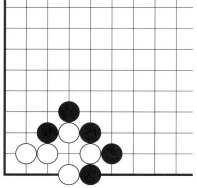

흑은 단수 상태가 된 백돌을 찾아 따먹고 싶은데 어느 곳에 두어야 할까요?

정답

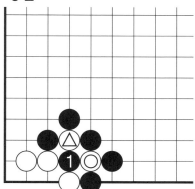

흑1로 두면 백△ 한점과 백◎ 한점을 동시에 따먹을 수 있습니다.

익힘문제 3

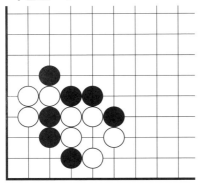

흑은 단수 상태가 된 백돌을 찾아 따먹고 싶은데 어느 곳에 두어야 할까요?

정답

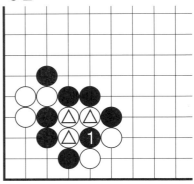

흑1로 두면 백△ 석점의 활로를 모두 막아 따먹을 수 있습니다.

익힘문제 4

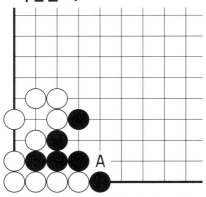

흑은 백돌을 따먹을 수 있다면 A의 곳 약점을 걱정하지 않아도 됩니다. 흑이 어느 곳에 두면 백돌을 따먹을 수 있을까요?

정답

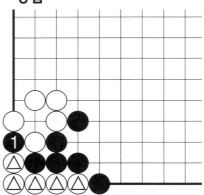

흑1로 두면 백△ 다섯점의 활로를 모두 막아 따먹을 수 있습니다.

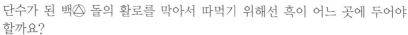

연습문제 1~6

단수가 된 백△ 돌의 활로를 막아서 따먹기 위해선 흑이 어느 곳에 두어야 할까요?

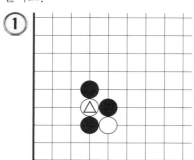

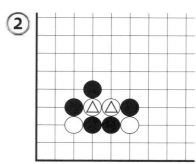

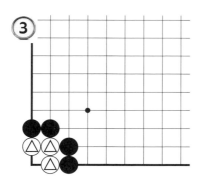

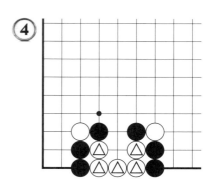

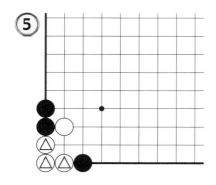

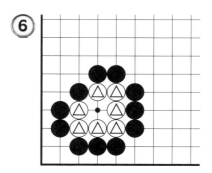

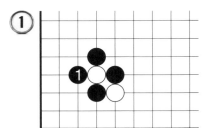

흑1로 두면 단수 상태가 된
백돌을 따먹을 수 있습니다.

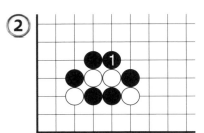

흑1로 두면 단수 상태가 된
백돌을 따먹을 수 있습니다.

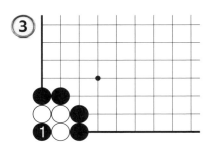

흑1로 두면 단수 상태가 된
백돌을 따먹을 수 있습니다.

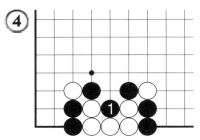

흑1로 두면 단수 상태가 된
백돌을 따먹을 수 있습니다.

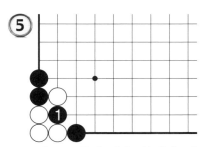

흑1로 두면 단수 상태가 된
백돌을 따먹을 수 있습니다..

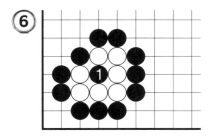

흑1로 두면 단수 상태가 된
백돌을 따먹을 수 있습니다.

단수가 된 백△ 돌의 활로를 막아서 따먹기 위해선 흑이 어느 곳에 두어야 할까요?

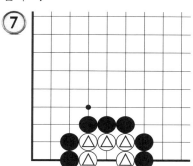

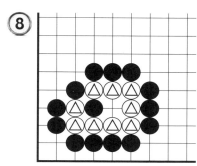

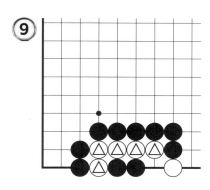

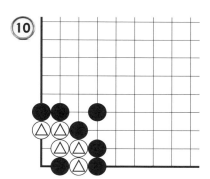

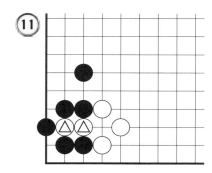

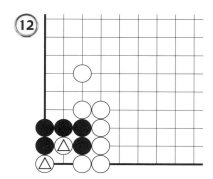

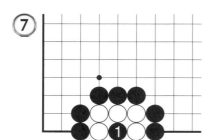

흑1로 두면 단수 상태가 된
백돌을 따먹을 수 있습니다.

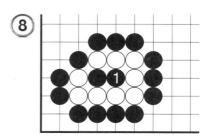

흑1로 두면 단수 상태가 된
백돌을 따먹을 수 있습니다.

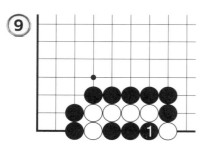

흑1로 두면 단수 상태가 된
백돌을 따먹을 수 있습니다.

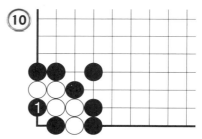

흑1로 두면 단수 상태가 된
백돌을 따먹을 수 있습니다.

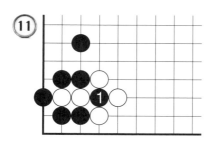

흑1로 두면 단수 상태가 된
백돌을 따먹을 수 있습니다.

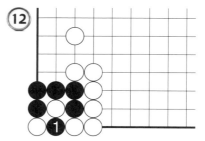

흑1로 두면 단수 상태가 된
백돌을 따먹을 수 있습니다.

연습문제 13~18

단수가 된 백돌을 따먹기 위해선 흑이 어느 곳에 두어야 할까요?

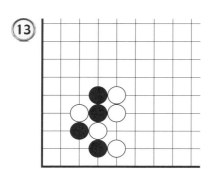

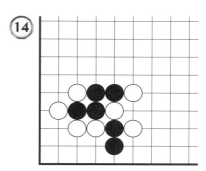

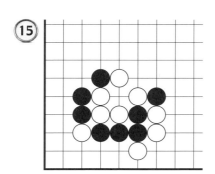

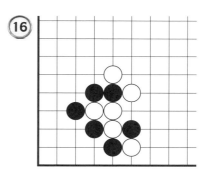

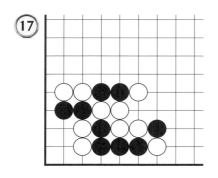

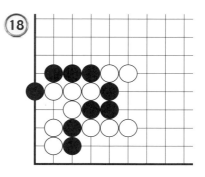

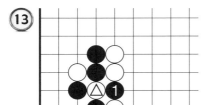

⑬ 흑1로 두면 단수 상태가 된 백△ 돌을 따먹을 수 있습니다.

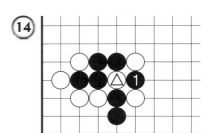

⑭ 흑1로 두면 단수 상태가 된 백△ 돌을 따먹을 수 있습니다.

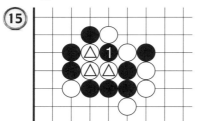

⑮ 흑1로 두면 단수 상태가 된 백△ 돌을 따먹을 수 있습니다.

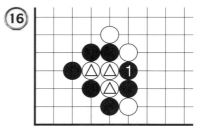

⑯ 흑1로 두면 단수 상태가 된 백△ 돌을 따먹을 수 있습니다.

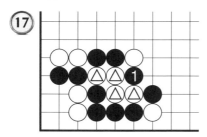

⑰ 흑1로 두면 단수 상태가 된 백△ 돌을 따먹을 수 있습니다.

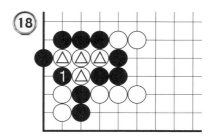

⑱ 흑1로 두면 단수 상태가 된 백△ 돌을 따먹을 수 있습니다.

단수가 된 백돌을 따먹기 위해선 흑이 어느 곳에 두어야 할까요?

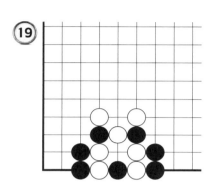

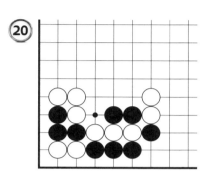

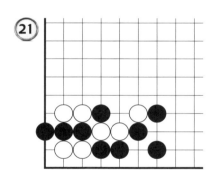

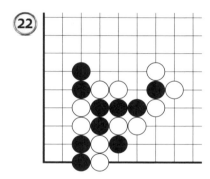

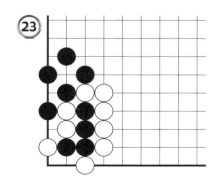

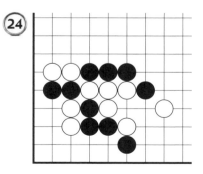

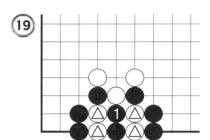

흑1로 두면 단수 상태가 된 백
△ 돌을 따먹을 수 있습니다.

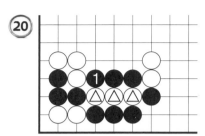

흑1로 두면 단수 상태가 된 백
△ 돌을 따먹을 수 있습니다.

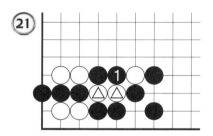

흑1로 두면 단수 상태가 된 백
△ 돌을 따먹을 수 있습니다.

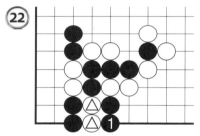

흑1로 두면 단수 상태가 된 백
△ 돌을 따먹을 수 있습니다.

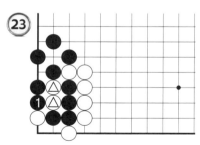

흑1로 두면 단수 상태가 된 백
△ 돌을 따먹을 수 있습니다.

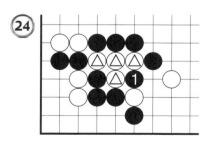

흑1로 두면 단수 상태가 된 백
△ 돌을 따먹을 수 있습니다.

제4장 우리편 돌 살리기

상대방 돌을 따먹는 것도 중요하지만 우리편 돌이 죽지 않
도록 보살피는 것도 매우 중요합니다. 이번 장을 통해서는
단수가 된 우리편 돌을 찾아 살리는 방법을 공부하도록 하
겠습니다.

장면도

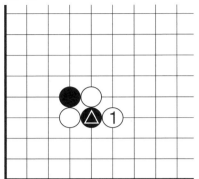

백1로 단수치면 흑♠ 한점이 단수가 됩니다. 단수 상태가 되면 시급하게 보강하는 것이 중요합니다.

1도(활로를 늘림)

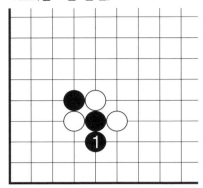

단수 상태가 된 흑은 시급하게 1로 뻗어서 활로를 늘려야 합니다. 활로가 세 개로 늘어난 흑은 당장에 잡힐 위험이 사라졌습니다.

익힘문제 1

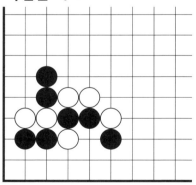

흑은 단수가 된 흑돌을 찾아서 보강해야 합니다. 흑은 어느 곳으로 보강해야 할까요?

정답

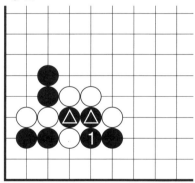

흑♠ 두점이 단수이므로 흑1로 보강하는 것이 정답입니다. 이제 흑이 잡힐 염려가 없어졌습니다.

익힘문제 2

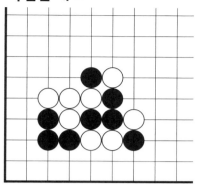

흑은 단수가 된 흑돌을 찾아서 보강해야 합니다. 어느 곳으로 보강하는 것이 흑을 살리는 방법일까요?

정답

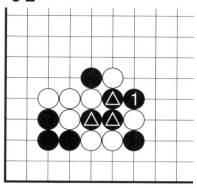

흑▲ 석점이 단수이므로 흑1로 보강하는 것이 정답입니다. 흑은 1로 달아나면서 백 한점을 단수로 만들고 있습니다.

익힘문제 3

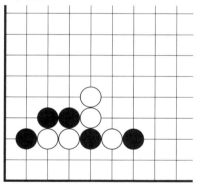

흑은 단수가 된 흑돌을 찾아서 보강해야 합니다. 어느 곳이 정답일까요?

정답

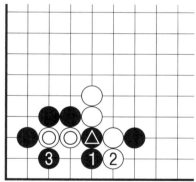

흑▲ 한점이 단수이므로 흑1로 뻗어야 합니다. 백2로 활로를 줄인다면 흑3으로 단수쳐서 백◎ 두점을 잡을 수 있습니다.

익힘문제 4

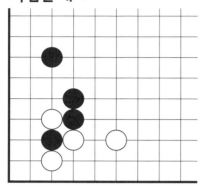

흑은 단수가 된 흑돌을 찾아서 보강해야 합니다. 어느 곳으로 보강하는 것이 흑을 살리는 방법일까요?

정답

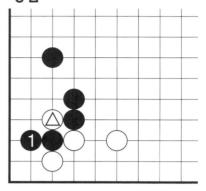

흑1로 뻗는 것이 중요합니다. 흑이 강화되면 백△ 한점이 상대적으로 약화됩니다.

익힘문제 5

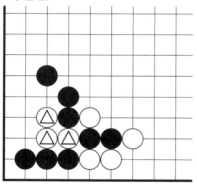

백△ 석점을 잡으려고만 생각해서는 안 됩니다. 흑은 어느 곳을 시급하게 두어야 할까요?

정답

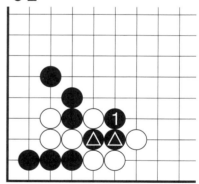

흑▲ 두점이 단수 상태이므로 흑1로 보강하는 것이 우선입니다. 흑은 1로 달아나면서 백 한점을 단수로 만들고 있습니다.

단수가 된 흑♠를 살리기 위해선 어떻게 두어야 할까요?

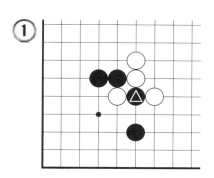

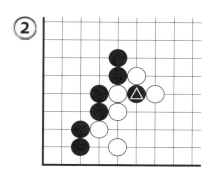

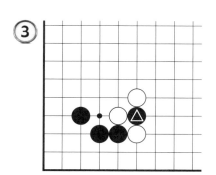

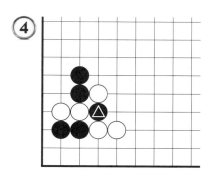

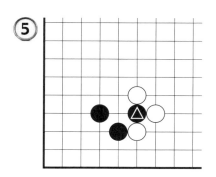

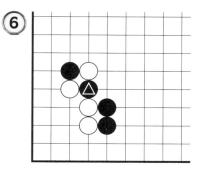

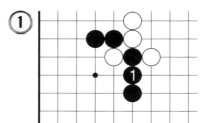

흑1로 뻗으면 활로가 늘어나 흑돌을 살릴 수 있습니다.

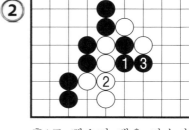

흑1로 뻗으면 백은 단수가 되었으므로 2로 달아날 수밖에 없습니다. 흑은 3으로 두어 흑돌을 살릴 수 있습니다.

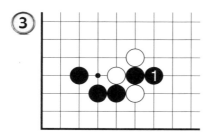

흑1로 뻗으면 활로가 늘어나 흑돌을 살릴 수 있습니다.

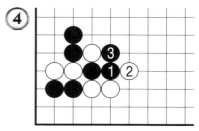

흑1로 뻗으면 백2로 단수쳐도 흑3까지 활로가 늘어나 흑돌을 살릴 수 있습니다.

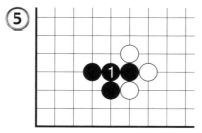

흑1로 뻗으면 활로가 늘어나 흑돌을 살릴 수 있습니다.

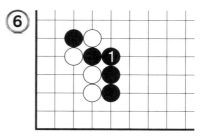

흑1로 뻗으면 활로가 늘어나 흑돌을 살릴 수 있습니다.

단수가 된 흑⬢를 살리기 위해선 어떻게 두어야 할까요?

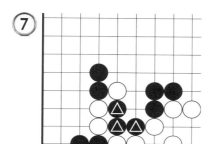

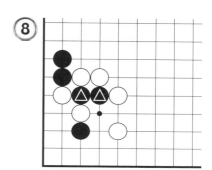

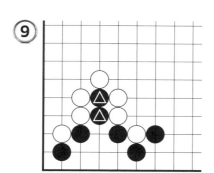

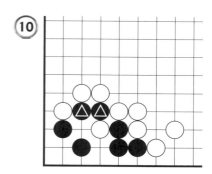

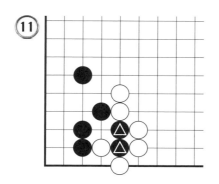

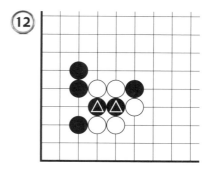

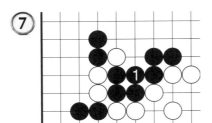

⑦

흑1로 뻗으면 활로가 늘어나 흑돌을 살릴 수 있습니다.

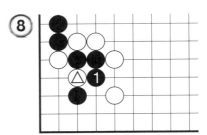

⑧

흑1로 뻗는 것이 정답입니다. 흑은 백△ 한점을 단수로 만들고 있습니다.

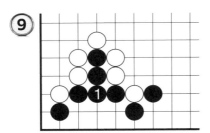

⑨

흑1로 뻗으면 활로가 늘어나 흑돌을 살릴 수 있습니다.

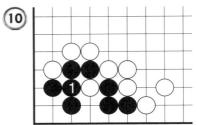

⑩

흑1로 뻗으면 활로가 늘어나 흑돌을 살릴 수 있습니다.

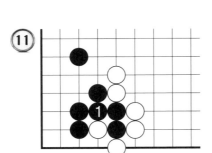

⑪

흑1로 뻗으면 활로가 늘어나 흑돌을 살릴 수 있습니다.

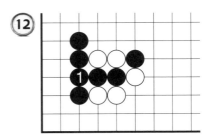

⑫

흑1로 뻗으면 활로가 늘어나 흑돌을 살릴 수 있습니다.

단수가 된 흑돌이 있습니다. 단수가 된 흑돌을 살리기 위해선 어떻게 두어야 할까요?

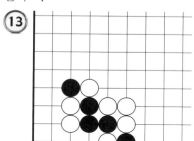

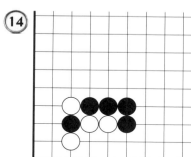

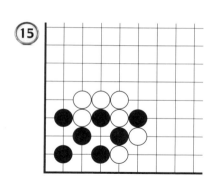

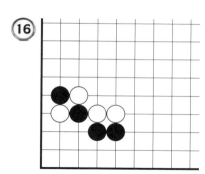

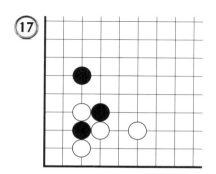

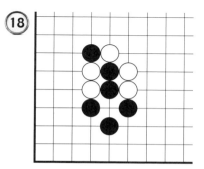

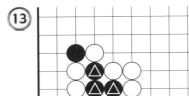

흑● 돌이 단수이므로 흑1로
보강해야 흑돌을 살릴 수 있
습니다.

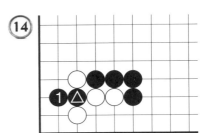

흑● 돌이 단수이므로 흑1로
보강해야 흑돌을 살릴 수 있
습니다.

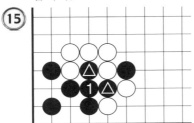

흑● 돌이 단수이므로 흑1로
보강해야 흑돌을 살릴 수 있
습니다.

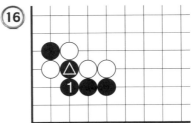

흑● 돌이 단수이므로 흑1로
보강해야 흑돌을 살릴 수 있
습니다.

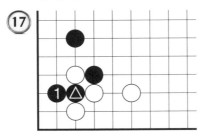

흑● 돌이 단수이므로 흑1로
보강해야 흑돌을 살릴 수 있
습니다.

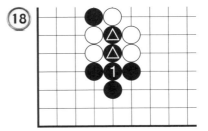

흑● 돌이 단수이므로 흑1로
보강해야 흑돌을 살릴 수 있
습니다.

단수가 된 흑돌이 있습니다. 단수가 된 흑돌을 살리기 위해선 어떻게 두어야 할까요?

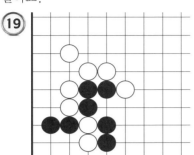

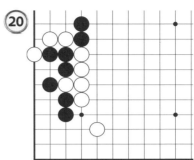

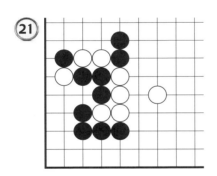

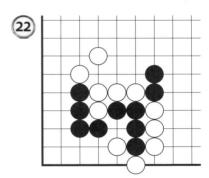

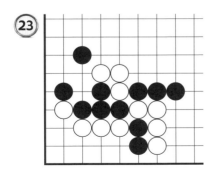

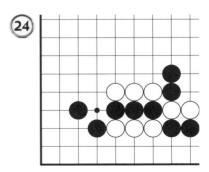

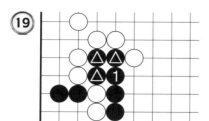

흑⬆ 돌이 단수이므로 흑1로 보강해야 흑돌을 살릴 수 있습니다.

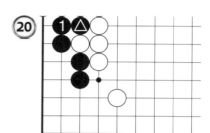

흑⬆ 돌이 단수이므로 흑1로 보강해야 흑돌을 살릴 수 있습니다.

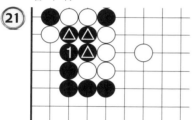

흑⬆ 돌이 단수이므로 흑1로 보강해야 흑돌을 살릴 수 있습니다.

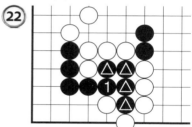

흑⬆ 돌이 단수이므로 흑1로 보강해야 흑돌을 살릴 수 있습니다.

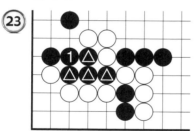

흑⬆ 돌이 단수이므로 흑1로 보강해야 흑돌을 살릴 수 있습니다.

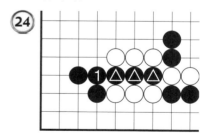

흑⬆ 돌이 단수이므로 흑1로 보강해야 흑돌을 살릴 수 있습니다.

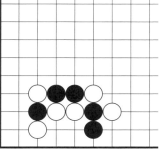

단수가 된 흑돌이 네 군데 있습니다. 흑이 단수된 흑돌을 모두 살리기 위해선 어느 곳에 두어야 할까요?

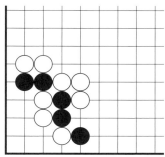

단수가 된 흑돌이 네 군데 있습니다. 흑이 단수된 흑돌을 모두 살리기 위해선 어느 곳에 두어야 할까요?

연습문제 25~26 정답

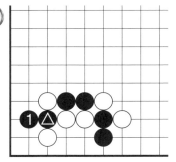

흑▲ 돌이 단수이므로 흑1로 보강해야 흑돌을 살릴 수 있습니다.

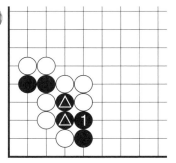

흑▲ 돌이 단수이므로 흑1로 보강해야 흑돌을 살릴 수 있습니다.

제 5 장 서로가 단수

바둑을 두다 보면 흑과 백이 서로서로 단수를 만든 형태가
자주 등장합니다. 이런 형태가 등장하면 먼저 따내는 쪽이
유리합니다. 이 장을 통해서는 서로가 단수인 형태에 대해
서 공부하도록 하겠습니다.

장면도

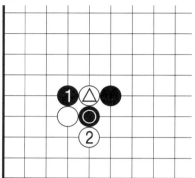

흑1로 백△ 한점을 단수를 쳤는데 백도 2로 흑● 한점을 단수친 장면입니다. 이와 같은 형태가 등장하면 흑은 어떻게 두어야 할까요?

1도(당연한 따내기)

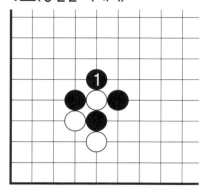

흑은 1로 따내야 합니다. 이처럼 서로가 단수가 된 형태에서는 먼저 따내는 것이 중요합니다.

2도(잘못된 이음)

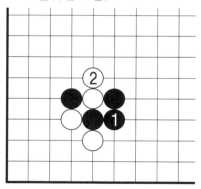

흑이 단수된 돌을 따내지 않고 1처럼 잇는 것은 너무 소극적입니다. 백이 2로 달아나 버리면 더 이상 공격이 쉽지 않습니다.

3도(백의 올바른 수)

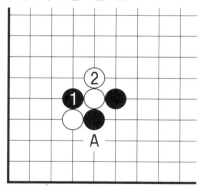

흑1로 단수쳤을 때 백은 A로 단수칠 것이 아니라 2로 뻗는 것이 올바른 응수법입니다.

익힘문제 1

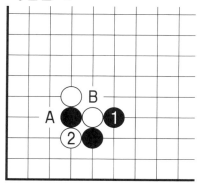

흑1로 단수치자 백이 2로 단수친 장면입니다. 흑은 A와 B 중 어느 곳을 두는 것이 좋을까요?

정답

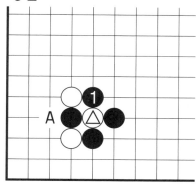

백△ 한점이 단수이므로 흑은 당연히 1로 따내야 합니다. 흑1을 손빼면 백이 A에 두어 흑 한점을 따낼 것입니다.

익힘문제 2

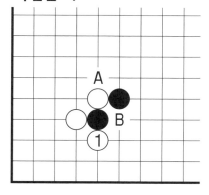

백이 1로 단수친 장면입니다. 흑은 A와 B 중 어느 곳에 두는 것이 최선일까요?

정답

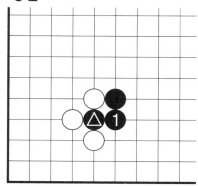

흑● 한점이 단수이므로 흑1로 보강하는 것이 정답입니다.

익힘문제 3

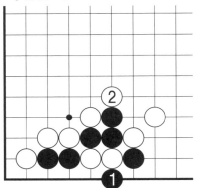

흑1로 단수치자 백도 2로 공격한 장면입니다. 백2에 대해 흑은 어떻게 응수하는 것이 최선일까요?

정답

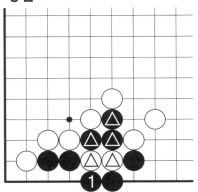

백△ 두점과 흑▲ 석점이 서로 단수가 된 형태입니다. 그러므로 흑은 시급하게 1로 두어 백△ 두점을 따내야 합니다.

익힘문제 4

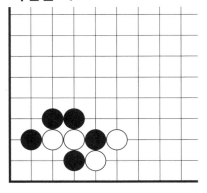

흑과 백이 서로서로 단수가 된 상태입니다. 흑은 어느 곳에 두는 것이 최선일까요?

정답

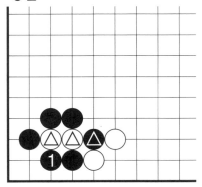

백△ 두점과 흑▲ 한점이 서로 단수가 된 상태이므로 흑은 1로 두어 백△ 두점을 먼저 따내는 것이 최선입니다.

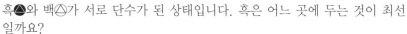

연습문제 1~6

흑●와 백△가 서로 단수가 된 상태입니다. 흑은 어느 곳에 두는 것이 최선일까요?

①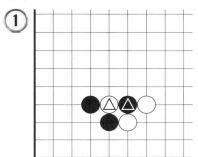

②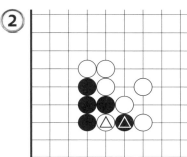

③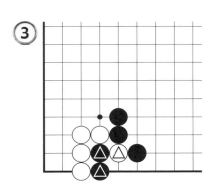

④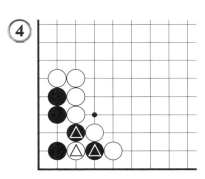

⑤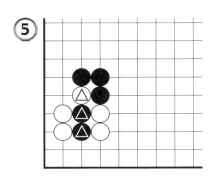

⑥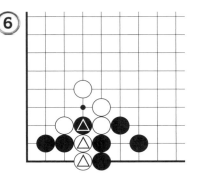

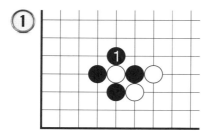

흑1이 단수가 된 백돌을 먼저 따내는 수입니다.

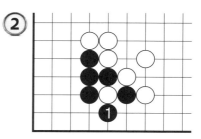

흑1이 단수가 된 백돌을 먼저 따내는 수입니다.

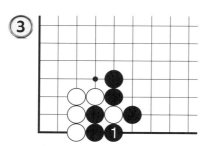

흑1이 단수가 된 백돌을 먼저 따내는 수입니다.

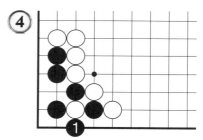

흑1이 단수가 된 백돌을 먼저 따내는 수입니다.

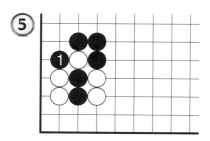

흑1이 단수가 된 백돌을 먼저 따내는 수입니다.

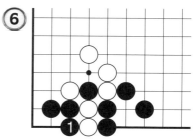

흑1이 단수가 된 백돌을 먼저 따내는 수입니다.

흑●와 백△가 서로 단수가 된 상태입니다. 흑은 어느 곳에 두는 것이 최선일까요?

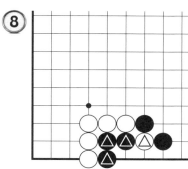

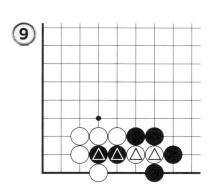

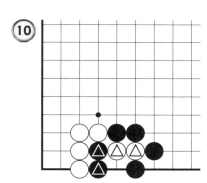

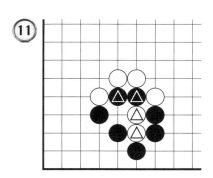

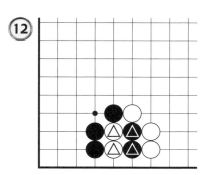

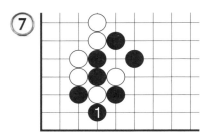

흑1이 단수가 된 백돌을 먼저 따내는 수입니다.

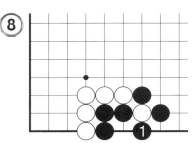

흑1이 단수가 된 백돌을 먼저 따내는 수입니다.

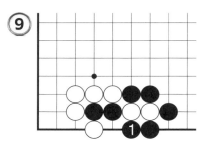

흑1이 단수가 된 백돌을 먼저 따내는 수입니다.

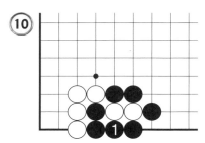

흑1이 단수가 된 백돌을 먼저 따내는 수입니다.

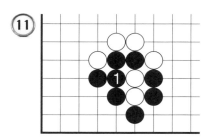

흑1이 단수가 된 백돌을 먼저 따내는 수입니다.

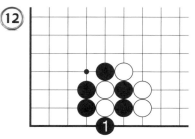

흑1이 단수가 된 백돌을 먼저 따내는 수입니다.

흑과 백이 서로 단수가 된 상태입니다. 흑은 어느 곳에 두는 것이 최선일까요?

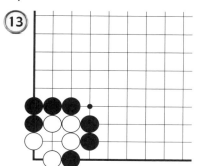

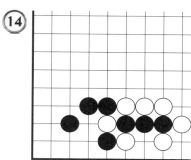

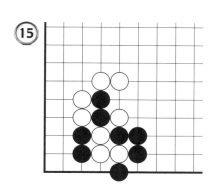

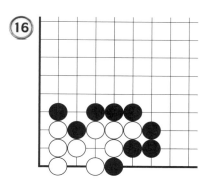

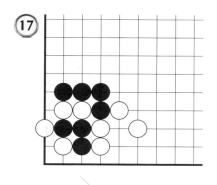

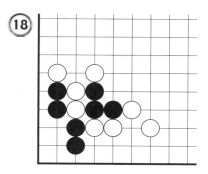

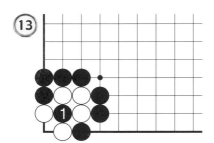

흑1이 단수가 된 백돌을 먼저 따내는 수입니다.

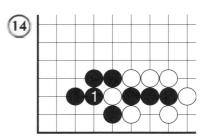

흑1이 단수가 된 백돌을 먼저 따내는 수입니다.

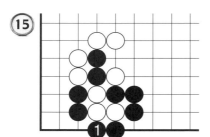

흑1이 단수가 된 백돌을 먼저 따내는 수입니다.

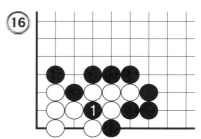

흑1이 단수가 된 백돌을 먼저 따내는 수입니다.

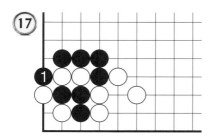

흑1이 단수가 된 백돌을 먼저 따내는 수입니다.

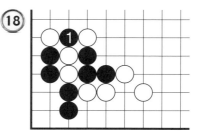

흑1이 단수가 된 백돌을 먼저 따내는 수입니다.

연습문제 19~24

흑과 백이 서로 단수가 된 상태입니다. 흑은 어느 곳에 두는 것이 최선일까요?

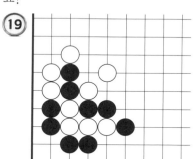

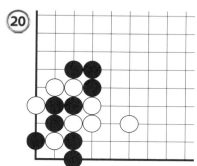

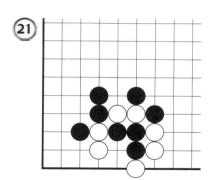

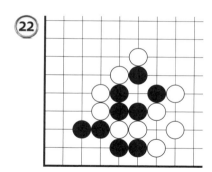

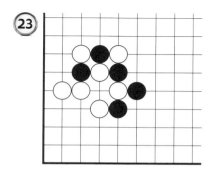

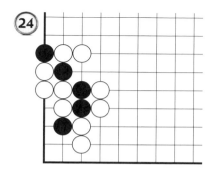

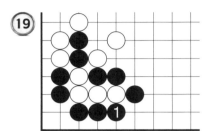

흑1이 단수가 된 백돌을 먼
저 따내는 수입니다.

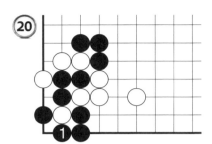

흑1이 단수가 된 백돌을 먼
저 따내는 수입니다.

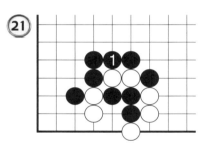

흑1이 단수가 된 백돌을 먼
저 따내는 수입니다.

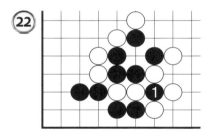

흑1이 단수가 된 백돌을 먼
저 따내는 수입니다.

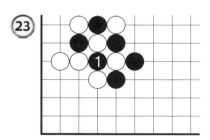

흑1이 단수가 된 백돌을 먼
저 따내는 수입니다.

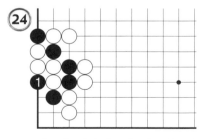

흑1이 단수가 된 백돌을 먼
저 따내는 수입니다.

흑1로 둔 수가 올바르면 ○표, 올바르지 않으면 ×표 하세요.

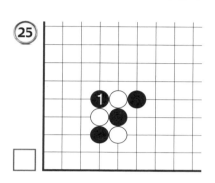

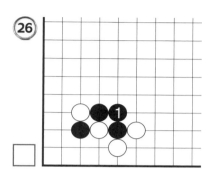

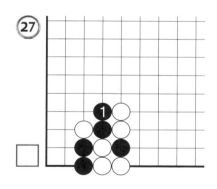

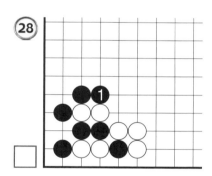

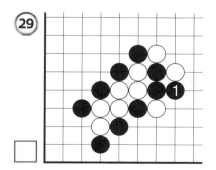

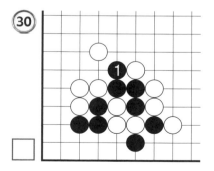

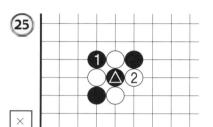

흑1로 단수치는 것은 백2로 두면 흑⦿ 한점이 먼저 잡히 므로 좋지 않은 수입니다.

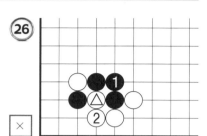

흑1로 이으면 백이 2로 이어서 살아 갑니다. 흑1로는 2의 곳에 두어 백 ⦿ 한점을 따먹어야 합니다.

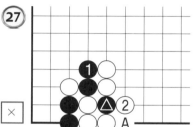

흑1은 백2로 두어 흑⦿ 한점이 먼저 잡힙니다. 흑1로는 A에 두어 백 석 점을 따먹어야 합니다.

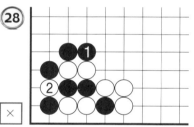

흑1은 백2로 두어 흑 두점이 먼저 잡 히므로 흑의 실패입니다. 흑1로는 2 의 곳에 보강하는 것이 최선입니다.

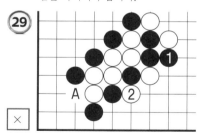

흑1은 백2로 두어 흑 한점이 먼저 잡 히므로 실패입니다. 흑1로는 A의 곳에 두어 백돌을 먼저 따먹어야 합니다.

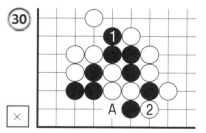

흑1은 백2로 두어 흑돌이 먼저 잡히 므로 실패입니다. 흑1로는 A의 곳에 두어 백돌을 먼저 따먹어야 합니다.

흑1로 둔 수가 올바르면 ○표, 올바르지 않으면 ×표 하세요.

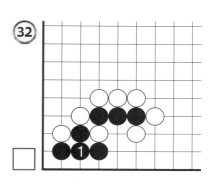

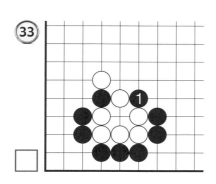

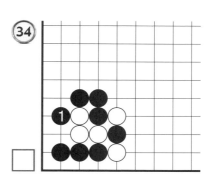

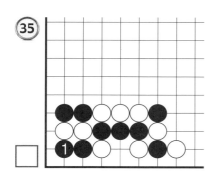

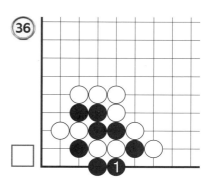

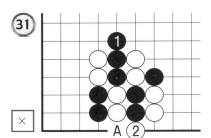

흑1은 백2로 두어 흑돌이 먼저 잡히
므로 실패입니다. 흑1로는 A의 곳에
두어 백돌을 먼저 따먹어야 합니다.

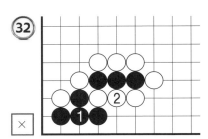

흑1은 백2로 두어 흑돌이 먼저 잡히
므로 실패입니다. 흑1로는 2의 곳에
두어 백돌을 먼저 따먹어야 합니다.

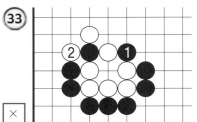

흑1은 백2로 두어 흑돌이 먼저 잡히
므로 실패입니다. 흑1로는 2의 곳에
두어 보강해야 합니다.

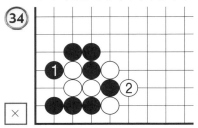

흑1은 백2로 두어 흑 한점이 먼저
잡히므로 실패입니다. 흑1로는 2의
곳에 두어 보강해야 합니다.

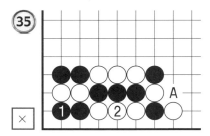

흑1은 백2로 두어 흑돌이 먼저 잡히
므로 실패입니다. 흑1로는 A의 곳에
두어 백돌을 먼저 따먹어야 합니다.

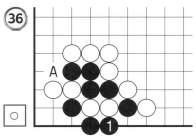

흑1은 백 두점을 먼저 따먹고 있으
므로 좋은 수입니다. 흑1로 A에 두
는 것은 좋지 않습니다.

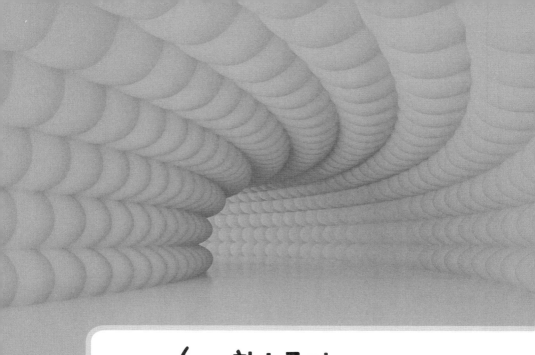

제6장 착수금지

바둑돌은 바둑판 위 어느 곳이라도 둘 수 있습니다. 단지
특수한 상황에 따라 둘 수 없는 곳이 발생하는데 그곳을 가
리켜 착수금지 구역이라 부릅니다. 착수금지 구역은 말 그
대로 둘 수 없는 구역을 말합니다. 이 장을 통해서는 착수
금지에 대해서 공부하겠습니다.

장면도

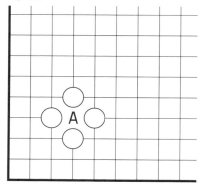

백돌로 에워싸여 있는 A의 곳은 흑이 둘 수 없습니다. A의 곳은 활로가 전혀 없는 곳이기 때문입니다.

1도(규칙위반)

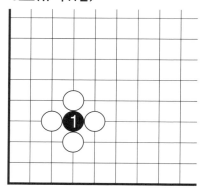

흑1은 활로가 전혀 없는 곳에 둔 수입니다. 흑1로 두는 것은 규칙위반이므로 절대 두어서는 안 됩니다.

2도(또 다른 착수금지)

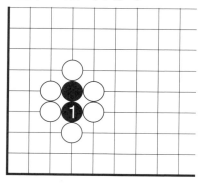

흑1로 두는 수 역시 착수금지 구역에 해당합니다. 흑1로 두는 순간 흑 두점은 스스로 자살한 꼴이 되었습니다.

3도(가능한 수)

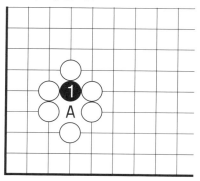

흑1로 두는 수는 A의 곳에 활로를 갖고 있기 때문에 착수금지 구역이 아닙니다. 그러나 백이 A로 두면 흑 한점이 잡히기 때문에 대부분 좋지 않은 수입니다.

예제 1(착수 가능여부)

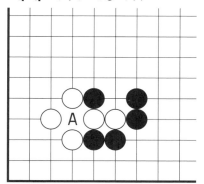

A의 곳은 활로가 한 개도 없는 곳
이므로 흑이 둘 수 없습니다. 그러
나 상황에 따라서는 A의 곳이 둘
수 있는 상황으로 바뀌기도 합니
다.

1도(착수 가능)

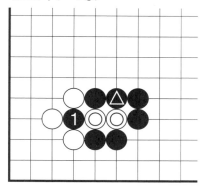

흑▲처럼 흑돌이 놓일 경우 흑1로 두
는 수가 가능해집니다. 흑이 백◎ 두
점을 따먹을 수 있기 때문입니다. 이
처럼 상대방 돌을 따먹을 수 있는 경
우에는 착수 불가능했던 곳이 착수
가능한 곳으로 바뀝니다.

2도(착수금지 구역)

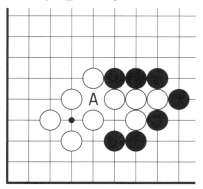

흑은 당장에 A의 곳에 둘 수 없습
니다. A의 곳은 활로가 한 개도 없
는 착수금지 구역이기 때문입니
다.

3도(착수 가능)

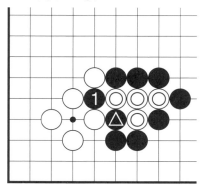

흑▲가 놓일 경우 백◎ 넉점이 단
수가 되므로 흑1의 곳은 착수 가능
한 곳으로 바뀝니다.

예제 2(착수 가능여부)

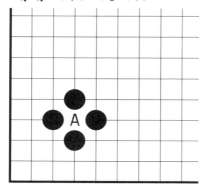

A의 곳은 백이 둘 경우 착수금지 구역에 해당합니다. 그런데 흑이 둘 경우에도 A의 곳이 착수 불가능한 곳일까요?

1도(착수 가능)

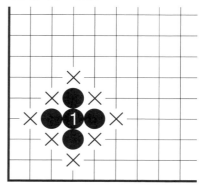

흑1은 착수 가능한 곳입니다. 흑 전체가 ×로 표시한 여덟 개의 활로를 갖고 있기 때문입니다.

2도(착수 가능)

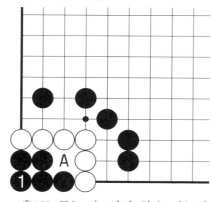

흑1로 두는 수 역시 착수 가능한 곳입니다. 스스로 자신의 활로를 막고 있지만 A의 곳에 한 개의 활로를 갖고 있기 때문입니다.

3도(착수금지)

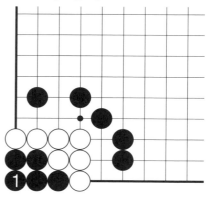

바깥의 활로가 모두 막혀 있는 경우에는 흑1로 두는 수가 성립하지 않습니다. 흑1은 착수금지 구역입니다.

흑1로 둔 수가 착수 가능한 곳이면 ○표, 착수 불가능한 곳이면 ×표 하세요.

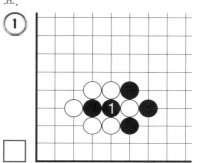

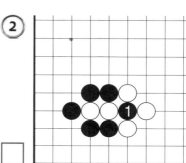

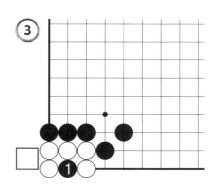

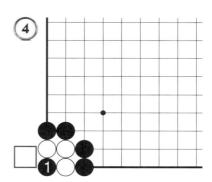

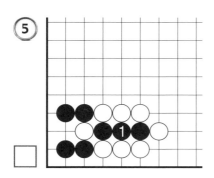

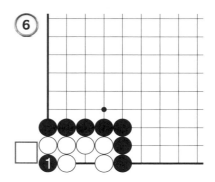

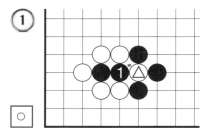

흑1은 백△ 한점을 따낼 수 있으므로 착수가 가능합니다.

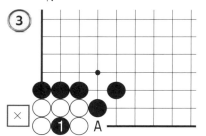

흑1은 백△ 두점을 따낼 수 있으므로 착수가 가능합니다.

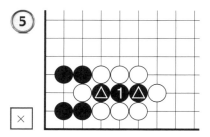

흑1은 A의 곳에 두고 난 후에 둘 수 있습니다.

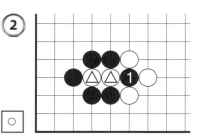

흑1은 백△ 석점을 따낼 수 있으므로 착수가 가능합니다.

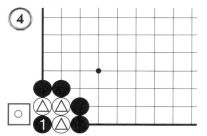

흑1은 흑● 두점의 활로를 스스로 막고 있으므로 둘 수가 없는 곳입니다.

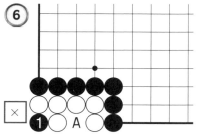

흑1은 백이 A의 곳에 활로를 한 개 갖고 있으므로 둘 수 없는 곳입니다.

흑1로 둔 수가 착수 가능한 곳이면 ○표, 착수 불가능한 곳이면 ×표 하세요.

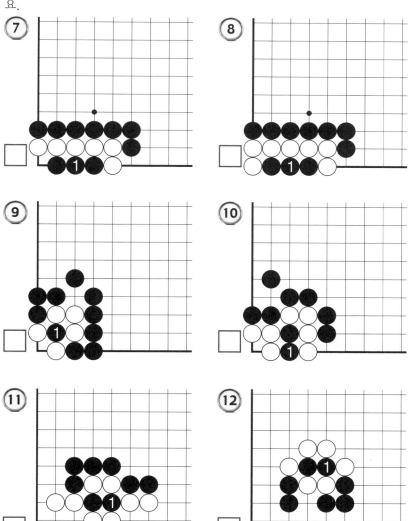

⑦

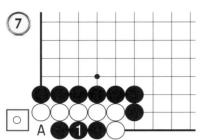

○

흑1은 A의 곳에 활로를 한
개 갖고 있으므로 둘 수 있습
니다.

⑧

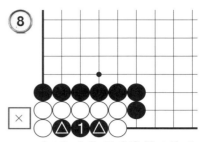

×

흑1은 흑▲ 두점의 활로를 스
스로 막고 있으므로 둘 수가
없는 곳입니다.

⑨

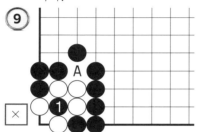

×

지금 당장 흑1로 둘 수 없습
니다. A의 곳에 흑돌이 있다
면 흑1로 둘 수 있습니다.

⑩

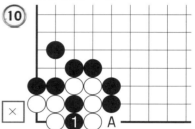

×

A의 곳에 흑돌이 놓여 있다
면 흑1로 둘 수 있지만 지금
은 둘 수 없습니다.

⑪

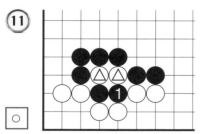

○

백△ 두점을 따낼 수 있으므
로 흑1로 두는 수가 가능합
니다.

⑫

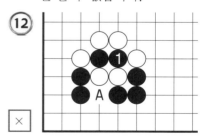

×

A의 곳에 흑돌이 놓여 있다
면 흑1로 둘 수 있지만 지금
은 둘 수 없습니다.

연습문제 13~18

A~C 중 흑이 착수할 수 없는 곳을 찾아 적으세요.

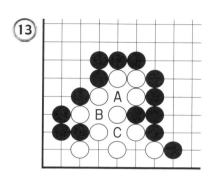

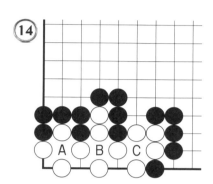

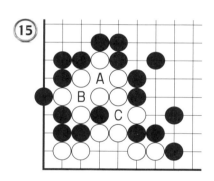

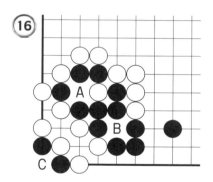

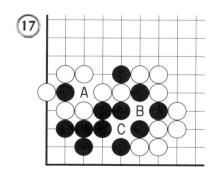

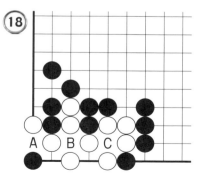

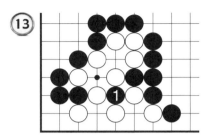

흑1이 착수금지 구역입니다.

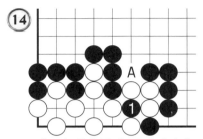

흑1이 착수금지 구역입니다.
흑1은 A의 곳에 두고 난 후
에 두어야 합니다.

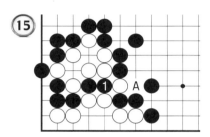

흑1이 착수금지 구역입니다.
흑1은 A의 곳에 두고 난 후
에 두어야 합니다.

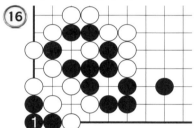

흑1이 활로가 한 개도 없는
곳이므로 착수금지 구역입니
다.

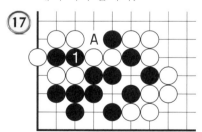

흑1이 착수금지 구역입니다.
흑1은 A의 곳에 흑돌이 있을
때만 둘 수 있습니다.

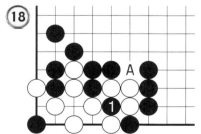

흑1이 착수금지 구역입니다.
흑1은 A의 곳에 흑돌이 있을
때만 둘 수 있습니다.

연습문제 19

단수된 흑⬤ 돌 중 살릴 수 있는 돌을 찾아 살리세요.

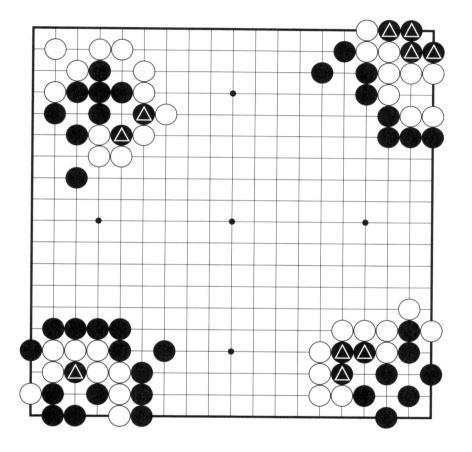

흑1은 둘 수 있는 곳이지만 우상귀 A의 곳은 둘 수 없습니다.

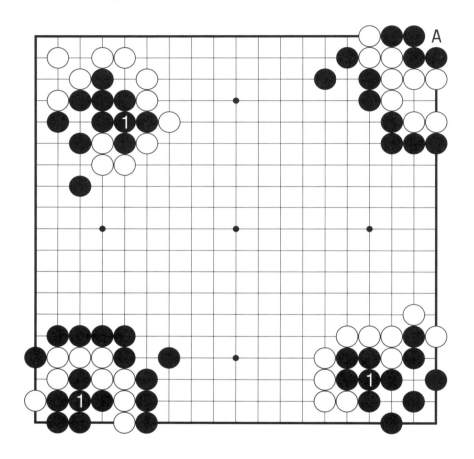

제7장 패

상대방 돌을 따먹기 위해서는 단수 상태가 된 돌이 있나 없나를 잘 살펴보아야 합니다. 이 장을 통해서는 단수 상태가 된 상대방 돌을 찾아 돌을 따먹는 훈련을 하도록 하겠습니다.

장면도

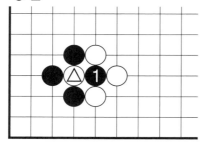

흑1로 백△ 한점을 따낸 장면입니다. 그런데 흑이 백 한점을 따낸 이후가 문제입니다.

1도(백도 따냄)

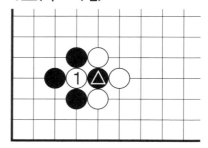

장면도에서 흑이 따낸 이후 백도 1로 두어 흑⬤ 한점을 따낼 수 있는 형태가 되었습니다. 이와 같이 서로가 한점씩을 연속해서 따내는 형태를 가리켜 패라고 부릅니다.

2도(패의 처리)

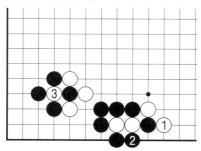

장면도처럼 패의 형태가 되면 흑이 백 한점을 따냈을 때 백이 곧바로 흑 한점을 따낼 수 없다는 것이 바둑의 기본규칙입니다. 서로가 양보하지 않고 계속 따내고 있다가는 게임 자체가 성립하지 않기 때문입니다. 백은 1처럼 다른 곳에 둔 후 흑이 2로 받으면 백3으로 따내야 합니다. 흑도 이제 곧바로 패를 따낼 수 없습니다.

3도(흑의 권리)

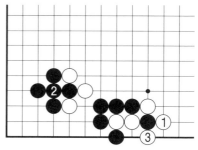

백1로 단수쳤을 때 흑은 2로 이을 수 있는 권리가 있습니다. 그러나 백3까지 흑 한점이 잡히는 피해는 감수해야 합니다.

예제 1

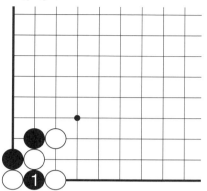

귀의 1선에서 등장하는 또 다른 패의 형태입니다. 흑1로 따냈지만 백도 한점을 따낼 수 있으므로 이 형태 역시 패입니다.

1도(패)

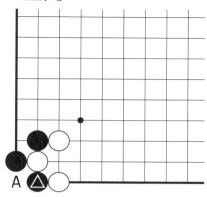

흑이 패를 따낸 이후의 형태입니다. 백은 규칙상 곧바로 A의 곳에 두어 흑● 한점을 따낼 수 없습니다.

예제 2

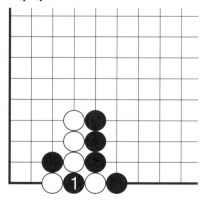

흑1로 따낸 형태 역시 변의 1선에서 흔히 등장하는 패입니다.

1도(패)

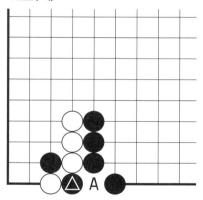

흑이 패를 따낸 이후의 형태입니다. 백은 규칙상 곧바로 A의 곳에 두어 흑● 한점을 따낼 수 없습니다다

예제 3

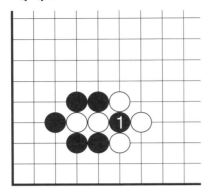

돌을 따내고 난 후 곧바로 되따낼 수 있다고 해서 모두가 패가 되는 것은 아닙니다. 흑이 1로 두어 백 두점을 따냈습니다.

1도(가능한 되따냄)

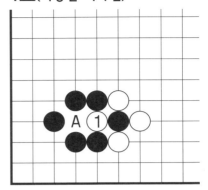

흑이 두점을 따낸 이후에 백은 1로 두어 흑 한점을 되따낼 수 있습니다. 이 형태는 흑이 두점을 따냈기 때문에 패가 아닙니다. 이후 흑이 A에 단수치면 패의 형태가 됩니다.

예제 4

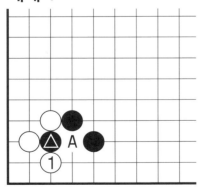

백이 1로 단수친 장면입니다. 흑● 한점이 단수가 되었으므로 A에 잇는 것을 생각할 수 있지만 흑은 패로 만들 수도 있습니다.

1도(패)

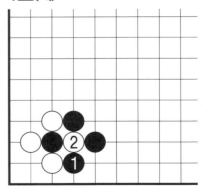

흑이 1로 막으면 패의 형태가 됩니다. 백이 2로 따내면 패의 형태이기 때문에 흑은 곧바로 백 한점을 따낼 수 없습니다.

백△ 한점을 따내면서 패를 만들어 보세요.

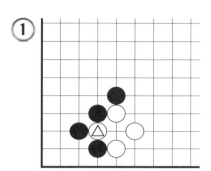

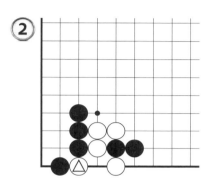

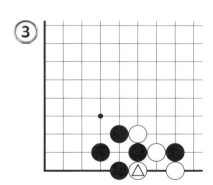

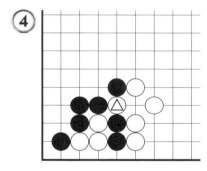

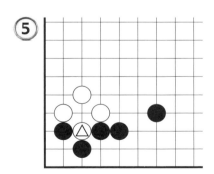

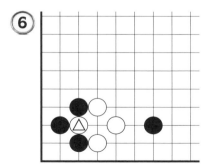

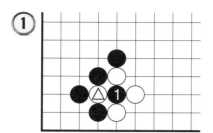

흑1로 두면 백△를 따내면서
패를 만들 수 있습니다.

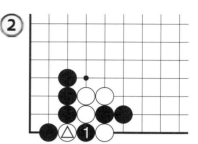

흑1로 두면 백△를 따내면서
패를 만들 수 있습니다.

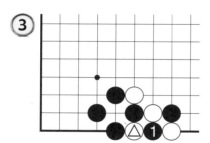

흑1로 두면 백△를 따내면서
패를 만들 수 있습니다.

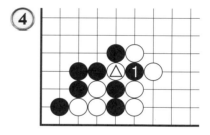

흑1로 두면 백△를 따내면서
패를 만들 수 있습니다.

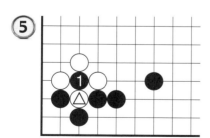

흑1로 두면 백△를 따내면서
패를 만들 수 있습니다.

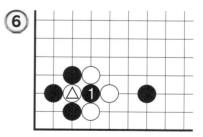

흑1로 두면 백△를 따내면서
패를 만들 수 있습니다.

연습문제 7~12

흑이 어느 곳에 두면 패가 된 백돌을 먼저 따낼 수 있을까요?

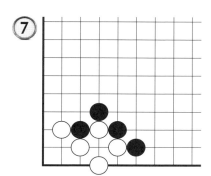

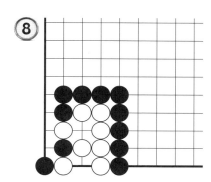

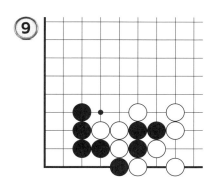

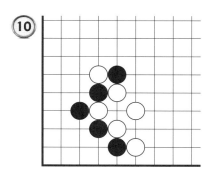

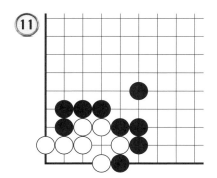

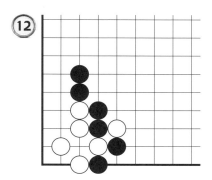

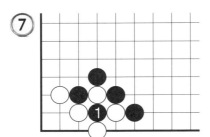

흑1로 두면 흑이 먼저 패를
따낼 수 있습니다.

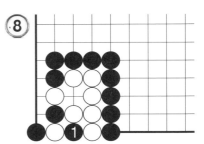

흑1로 두면 흑이 먼저 패를
따낼 수 있습니다.

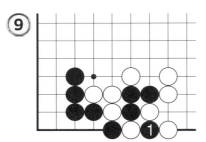

흑1로 두면 흑이 먼저 패를
따낼 수 있습니다.

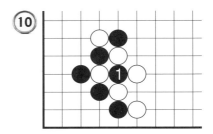

흑1로 두면 흑이 먼저 패를
따낼 수 있습니다.

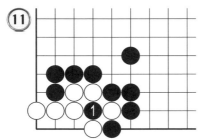

흑1로 두면 흑이 먼저 패를
따낼 수 있습니다.

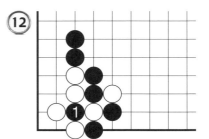

흑1로 두면 흑이 먼저 패를
따낼 수 있습니다.

연습문제 13~18

백⬭를 단수치기 위해서는 패를 만들어야 합니다. 흑은 어느 곳에 두어야 할까요?

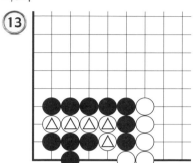

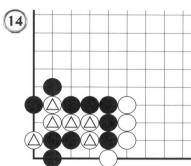

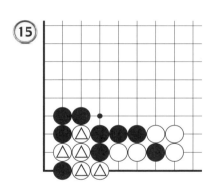

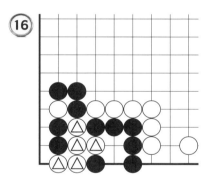

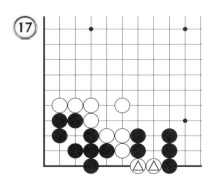

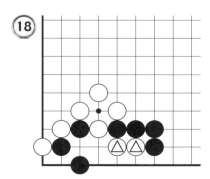

연습문제 13~18 정답

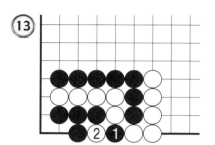

흑1로 두면 패를 만들면서
백을 단수칠 수 있습니다.

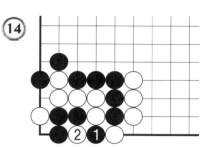

흑1로 두면 패를 만들면서
백을 단수칠 수 있습니다.

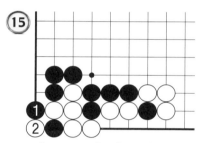

흑1로 두면 패를 만들면서
백을 단수칠 수 있습니다.

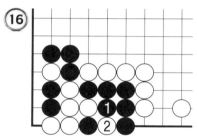

흑1로 두면 패를 만들면서
백을 단수칠 수 있습니다.

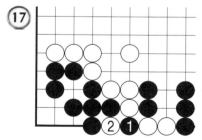

흑1로 두면 패를 만들면서
백을 단수칠 수 있습니다.

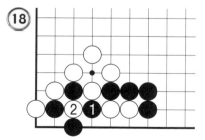

흑1로 두면 패를 만들면서
백을 단수칠 수 있습니다.

흑1로 따낸 수가 패가 되면 ○표, 그렇지 않으면 ×표 하세요.

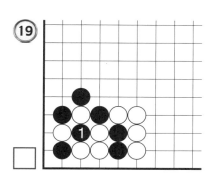

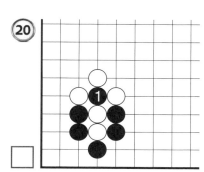

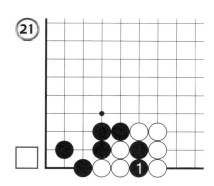

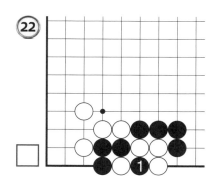

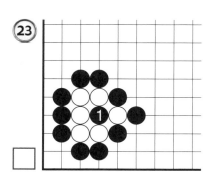

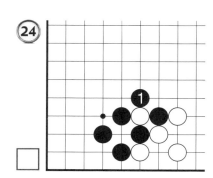

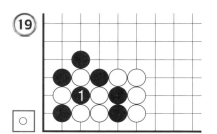

흑1은 백 한점을 따낸 이후 백이 곧장 둘 수 없으므로 패입니다.

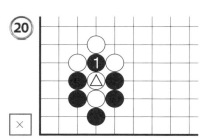

흑1로 백 두점을 따낸 이후 백은 곧장 백△에 두어 흑 한점을 따낼 수 있습니다.

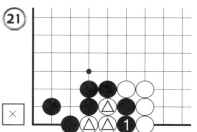

흑1은 백△ 석점을 잡았으므로 패가 아닙니다.

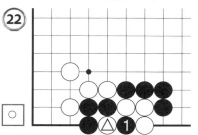

흑1은 백△ 한점을 따낸 이후 백이 곧장 둘 수 없으므로 패입니다.

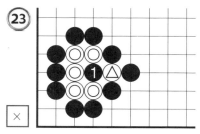

흑1은 백△ 한점뿐만 아니라 백◎ 다섯점까지 잡고 있으므로 패가 아닙니다.

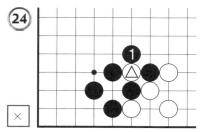

흑1은 백△ 한점을 따내면서 이후 백이 따낼 수 있는 여지를 완전히 없앴으므로 패가 아닙니다.

제 8 장 우리편 돌 연결하기

"뭉치면 살고 흩어지면 죽는다"라는 말이 있듯이 바둑돌은
연결하면 활로가 많아져서 돌이 쉽게 죽지 않습니다. 이 장
을 통해서는 자신의 돌을 연결해서 강한 돌을 만드는 방법
을 공부하겠습니다.

장면도

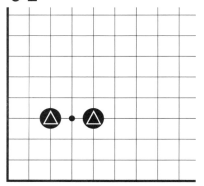

흑▲ 두점은 완벽하게 연결된 돌이 아니기 때문에 따로따로 네 개씩의 활로를 갖고 있습니다.

1도 (연결된 활로)

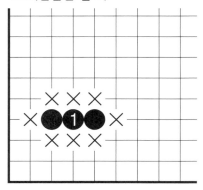

흑1로 두면 흑 두점이 완벽하게 연결됩니다. 흑1로 연결하면서 흑 석점은 ×로 표시한 여덟 개의 활로를 갖게 되었습니다.

2도 (단수된 돌)

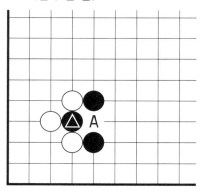

단수가 된 흑▲ 한점은 A의 곳에 한 개의 활로만을 갖고 있습니다.

3도 (늘어난 활로)

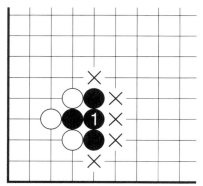

흑1로 연결하면 한 개뿐이었던 흑의 활로가 다섯 개(× 표시)로 늘어났습니다. 이제 흑돌이 잡힐 위험은 사라졌습니다.

예제 1

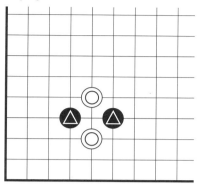

흑▲ 두점과 백◎ 두점이 서로 떨어져 있습니다. 이런 형태가 되면 누가 먼저 두느냐에 따라서 결과가 크게 달라집니다.

1도(강해진 흑돌)

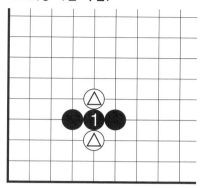

흑이 먼저 둔다면 1로 연결합니다. 흑1로 연결하면 흑은 매우 튼튼한 돌이 되지만 백△ 두점은 활로가 끊겨 매우 약한 돌이 됩니다.

2도(약해진 흑돌)

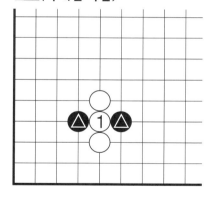

백이 먼저 둔다면 1로 연결합니다. 백이 연결하면 1도와는 반대로 활로가 끊긴 흑▲ 두점이 매우 약한 돌이 됩니다.

3도(강한 흑돌)

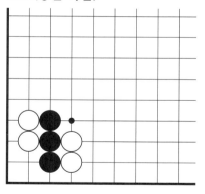

돌의 개수로 보면 백의 돌수가 하나 더 많습니다. 그러나 이 형태는 돌의 개수가 하나 적은 흑이 더 강한 형태입니다. 흑은 모두 연결되어 있고 백은 따로따로 나누어져 있기 때문입니다.

예제 2

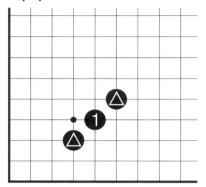

대각선으로 떨어져 있는 흑▲ 두 점도 완전하게 연결된 돌이 아닙니다. 그러나 흑이 1로 두면 흑▲ 두점이 완전하게 연결되어 강한 돌이 됩니다.

1도(강한 흑돌)

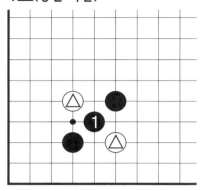

흑1로 두면 흑은 모두 연결되어 강한 돌이 되지만 백△ 두점은 연결이 끊겨 매우 약한 돌이 됩니다.

2도(연결방법)

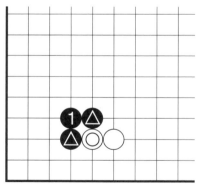

흑▲처럼 대각선으로 연결된 돌은 백이 ◎로 두면 흑1로 이어야 튼튼한 돌이 됩니다. 그러나 백◎가 없을 경우에는 흑1로 이을 필요가 없습니다.

3도(약한 흑돌)

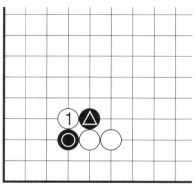

흑이 연결하지 않으면 백1로 끊깁니다. 흑▲ 한점과 흑◉ 한점은 활로가 따로따로 나뉘어 매우 약한 돌이 됩니다.

연습문제 1~6

흑▲를 연결해서 강한 돌을 만들려면 어느 곳에 두어야 할까요?

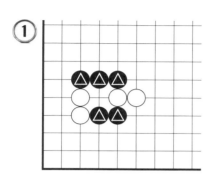

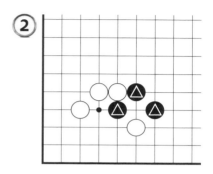

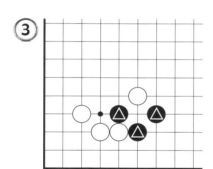

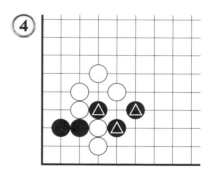

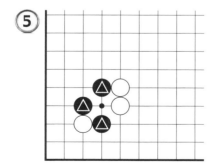

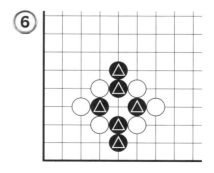

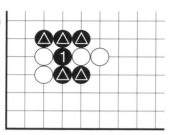

흑1로 두면 흑▲ 돌들이 모두
연결되어 튼튼한 돌이 됩니
다.

흑1로 두면 흑▲ 돌들이 모두
연결되어 튼튼한 돌이 됩니
다.

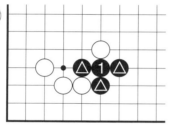

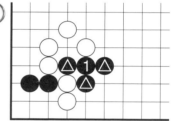

흑1로 두면 흑▲ 돌들이 모두
연결되어 튼튼한 돌이 됩니
다.

흑1로 두면 흑▲ 돌들이 모두
연결되어 튼튼한 돌이 됩니
다.

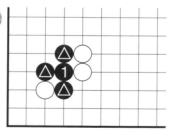

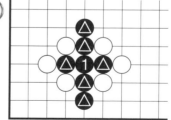

흑1로 두면 흑▲ 돌들이 모두
연결되어 튼튼한 돌이 됩니
다.

흑1로 두면 흑▲ 돌들이 모두
연결되어 튼튼한 돌이 됩니
다.

끊기는 곳을 찾아 튼튼하게 연결하려면 어느 곳에 두어야 할까요?

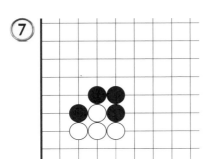

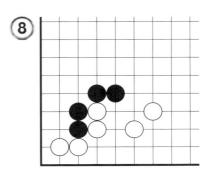

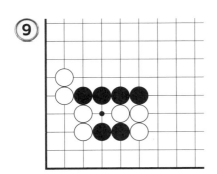

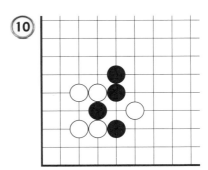

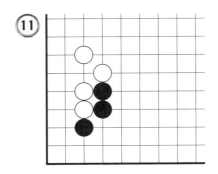

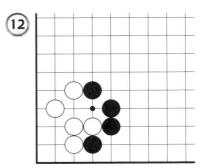

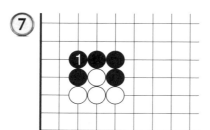

흑1로 두어야 흑돌들이 약점
없이 모두 연결됩니다.

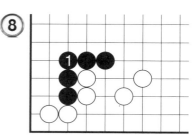

흑1로 두어야 흑돌들이 약점
없이 모두 연결됩니다.

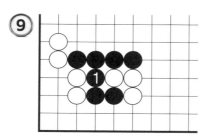

흑1로 두어야 흑돌들이 약점
없이 모두 연결됩니다.

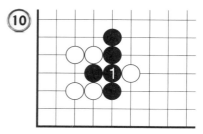

흑1로 두어야 흑돌들이 약점
없이 모두 연결됩니다.

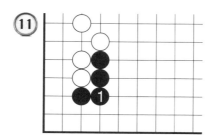

흑1로 두어야 흑돌들이 약점
없이 모두 연결됩니다.

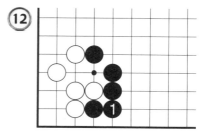

흑1로 두어야 흑돌들이 약점
없이 모두 연결됩니다.

흑돌이 더 강하면 ○표, 그렇지 않으면 ×표 하세요.

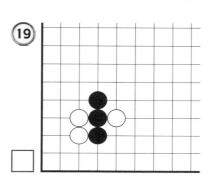

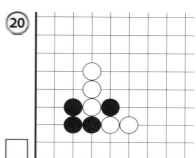

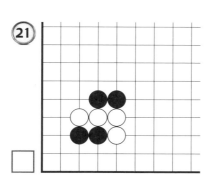

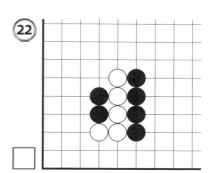

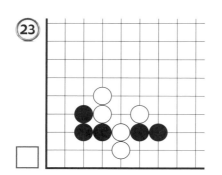

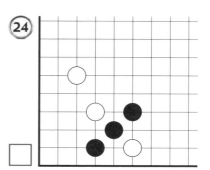

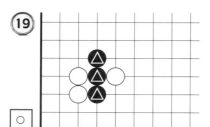

흑🔺 석점이 모두 연결되어 있으므로 흑이 강한 돌입니다.

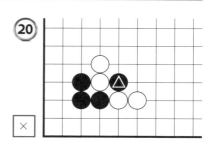

흑🔺 한점이 연결되지 못했으므로 흑이 약한 돌입니다.

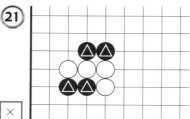

흑🔺 넉점이 따로따로 나누어져 있으므로 흑이 약한 돌입니다.

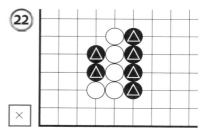

좌우 흑🔺 돌들이 따로따로 나누어져 있으므로 흑이 약한 돌입니다.

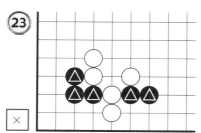

좌우 흑🔺 돌들이 따로따로 나누어져 있으므로 흑이 약한 돌입니다.

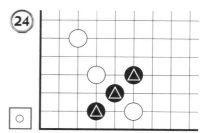

흑🔺가 모두 연결되어 있으므로 흑이 강한 돌입니다.

연습문제 25~30

흑돌이 더 강하면 ○표, 그렇지 않으면 ×표 하세요.

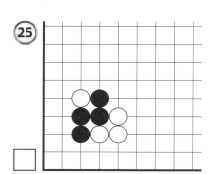

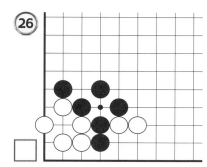

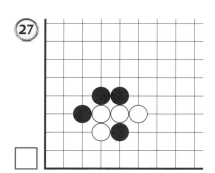

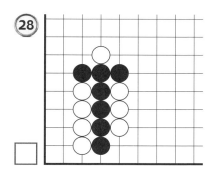

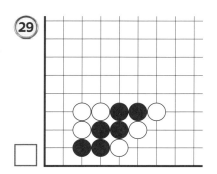

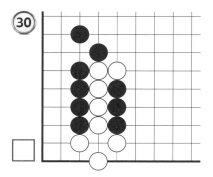

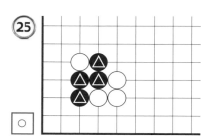

흑▲가 모두 연결되어 있으므로 흑이 강한 돌입니다.

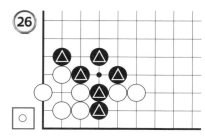

흑▲가 모두 연결되어 있으므로 흑이 강한 돌입니다.

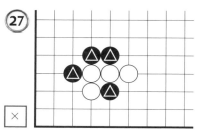

상하 흑▲ 돌들이 따로따로 나누어져 있으므로 흑이 약한 돌입니다.

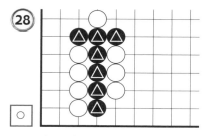

흑▲가 모두 연결되어 있으므로 흑이 강한 돌입니다.

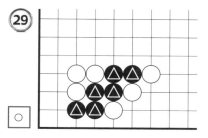

흑▲가 모두 연결되어 있으므로 흑이 강한 돌입니다.

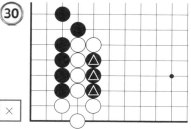

흑▲ 석점이 왼쪽 흑돌과 나누어져 있으므로 흑이 약한 돌입니다.

흑♠ 돌들을 튼튼하게 만들려면 어느 곳에 두어야 할까요?

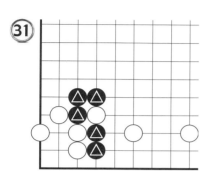

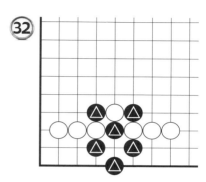

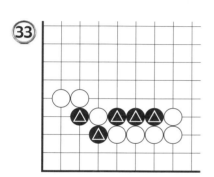

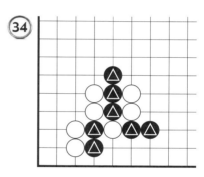

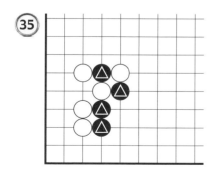

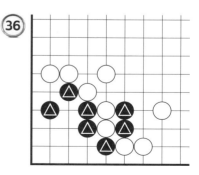

연습문제 31~36 정답

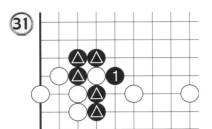

흑1로 두면 백 한점을 따내면서 흑▲를 모두 연결할 수 있습니다.

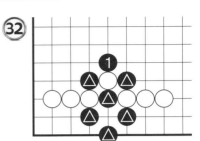

흑1로 두면 백 한점을 따내면서 흑▲를 모두 연결할 수 있습니다.

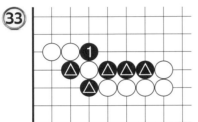

흑1로 두면 백 한점을 따내면서 흑▲를 모두 연결할 수 있습니다.

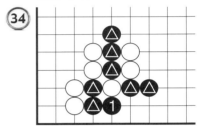

흑1로 두면 백 한점을 따내면서 흑▲를 모두 연결할 수 있습니다.

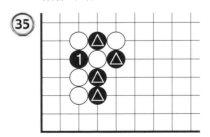

흑1로 두면 백 한점을 따내면서 흑▲를 모두 연결할 수 있습니다.

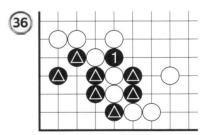

흑1로 두면 백 한점을 따내면서 흑▲를 모두 연결할 수 있습니다.

흑은 연결할 곳이 네 군데 있습니다. 네 곳을 모두 흑돌로 연결해서 튼튼한
돌로 만들어 보세요.

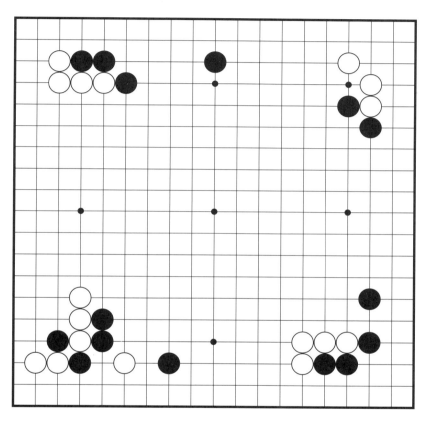

흑1로 두어야 흑돌을 튼튼하게 연결할 수 있습니다.

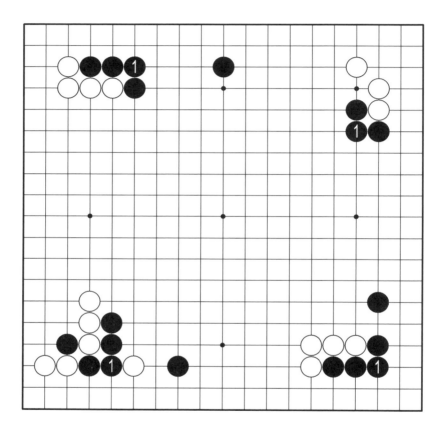

흑은 연결할 곳이 네 군데 있습니다. 네 곳을 모두 흑돌로 연결해서 튼튼한 돌로 만들어 보세요.

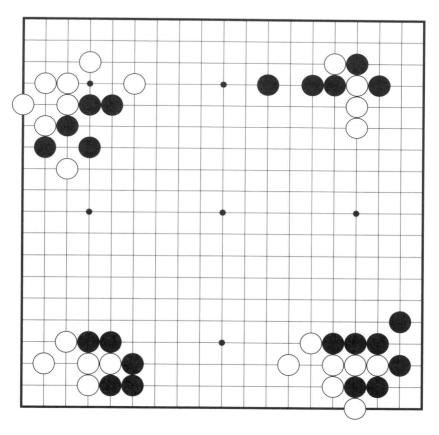

흑1로 두어야 흑돌을 튼튼하게 연결할 수 있습니다.

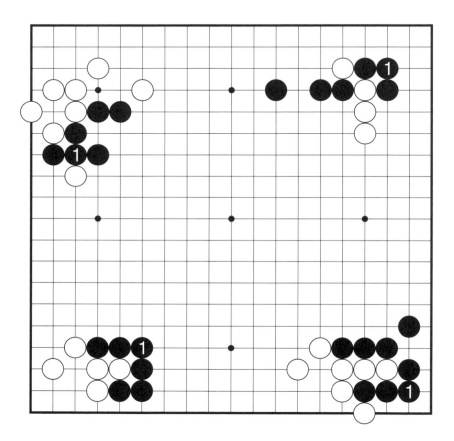

제 9 장 호구로 연결하기

자신의 돌을 연결하는 방법 중 호구 모양으로 연결하는 수가 있습니다. 호구(虎口) 모양은 호랑이 입처럼 강한 모양이라고 해서 붙여진 이름입니다. 이 장을 통해서는 호구 모양으로 잇는 방법에 대해서 공부하겠습니다.

장면도 1

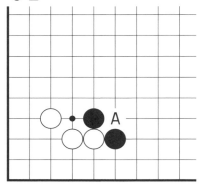

흑이 A의 곳에 연결하면 활로가 늘어나서 강한 돌을 만들 수 있습니다. 그런데 A에 두지 않고 다른 방법으로 연결하는 방법이 있습니다.

1도(호구 모양)

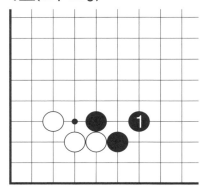

흑1로 두어도 흑은 튼튼하게 연결된 형태가 됩니다. 흑1은 호랑이 입처럼 강한 모양이라고 해서 호구 모양이라고 불립니다.

2도(무리한 절단)

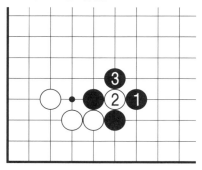

흑1의 모양에 대해 백이 흑을 끊기 위해 2로 집어넣는 것은 무모합니다. 흑은 큰 입을 벌려 3으로 백 한점을 꿀꺽 삼킬 수 있습니다.

3도(중요한 연결)

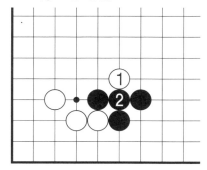

백1로 끊고자 하면 흑2로 연결하는 수가 중요합니다. 흑 넉점은 모두 연결된 형태가 되어 강한 돌이 되었습니다.

장면도 2

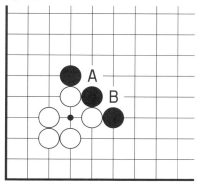

흑은 A와 B의 곳에 끊기는 약점이 있습니다. 흑은 A와 B의 약점을 한꺼번에 보강하는 방법을 찾고 싶습니다.

1도(양호구)

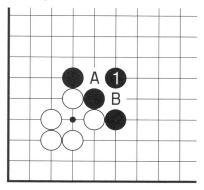

흑1이 A와 B의 약점을 한꺼번에 보강하는 방법입니다. 흑은 호구 모양을 한꺼번에 두 개씩이나 만들었습니다. 이런 모양을 가리켜 양호구라고 부릅니다.

2도(잘못된 연결 1)

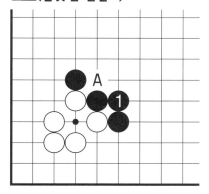

흑1로 연결하면 백에게 A로 끊기는 약점이 남아 튼튼한 돌이 되지 못합니다.

3도(잘못된 연결 2)

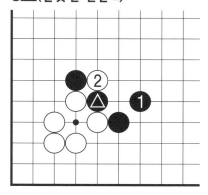

흑1은 한쪽에서만 호구가 되는 연결수입니다. 지금은 백2로 끊기는 순간 흑▲ 한점이 단수가 되므로 2도보다 흑이 더욱 약한 돌이 되었습니다.

익힘문제 1

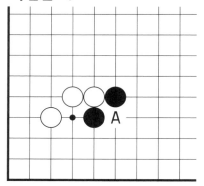

흑은 A의 곳 약점을 보강하고 싶습니다. 호구 모양으로 연결하려면 어떻게 두어야 할까요?

1도(정답)

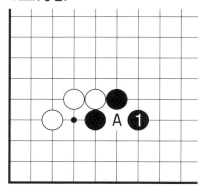

흑1로 두는 것이 정답입니다. 백은 A의 곳에 끊을 수 없습니다.

익힘문제 2

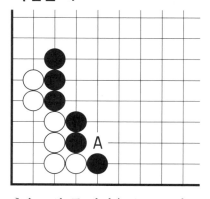

흑은 A의 곳 약점을 호구 모양으로 연결하고 싶습니다. 흑은 어느 곳에 두어야 할까요?

1도(정답)

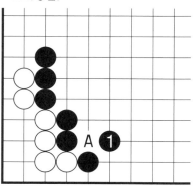

흑1로 두면 A의 곳에 호구 모양을 만들 수 있습니다.

흑은 끊기는 약점을 호구 모양으로 연결하고 싶습니다. 어느 곳에 두어야 할까요?

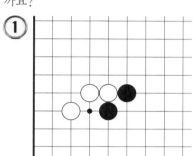

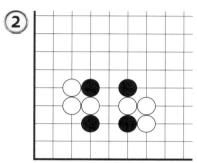

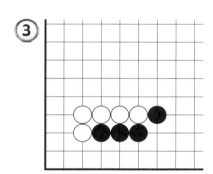

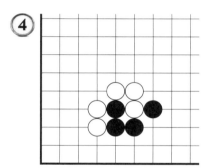

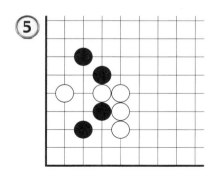

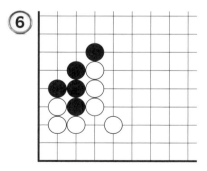

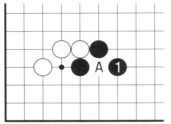

흑1이 A의 곳에 호구 모양을 만들며 연결하는 수입니다.

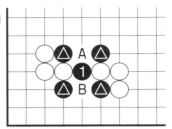

흑1이 흑● 넉점을 모두 연결시키는 연결방법입니다. 흑은 A와 B 두 곳에 호구 모양을 만들었습니다.

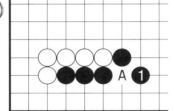

흑1이 A의 곳에 호구 모양을 만들며 연결하는 수입니다.

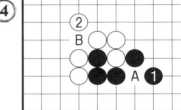

흑1이 A의 곳에 호구 모양을 만들며 연결하는 수입니다. 백도 2로 두는 것이 B의 곳에 호구 모양을 만드는 수입니다.

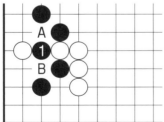

흑1이 A와 B에 호구 모양을 만들며 흑돌을 연결하는 수입니다.

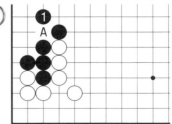

흑1이 A의 곳에 호구 모양을 만들며 연결하는 수입니다.

연습문제 7~12

흑은 A와 B 두 곳에 호구 모양을 만들고 싶습니다. 어떻게 두면 양호구 모양을 만들 수 있을까요?

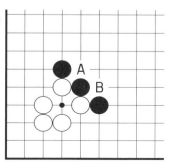

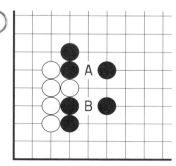

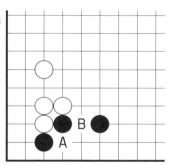

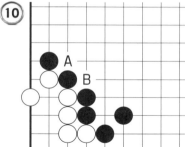

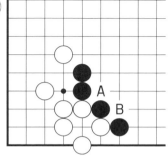

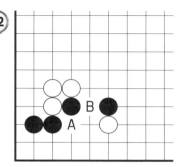

⑦

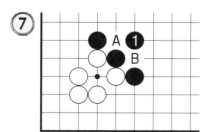

흑1이 A와 B 양쪽에 호구 모
양을 만드는 연결수입니다.

⑧

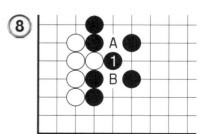

흑1이 A와 B 양쪽에 호구 모
양을 만드는 연결수입니다.

⑨

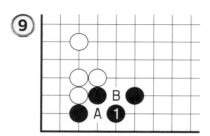

흑1이 A와 B 양쪽에 호구 모
양을 만드는 연결수입니다.

⑩

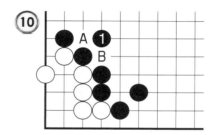

흑1이 A와 B 양쪽에 호구 모
양을 만드는 연결수입니다.

⑪

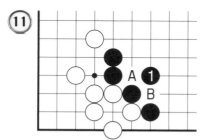

흑1이 A와 B 양쪽에 호구 모
양을 만드는 연결수입니다.

⑫

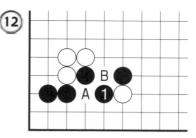

흑1이 A와 B 양쪽에 호구 모
양을 만드는 연결수입니다.

연습문제 13~14

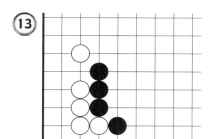

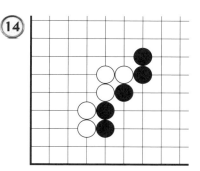

흑은 끊기는 곳이 네 군데 있습니다. 끊기는 약점을 호구 모양으로 연결해 보세요.

흑의 끊기는 약점을 찾아 양호구 모양으로 연결해 보세요.

연습문제 13~14 정답

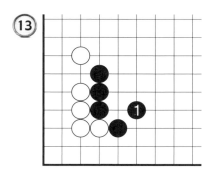

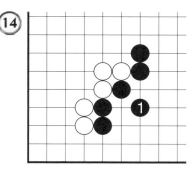

흑1의 곳이 끊기는 약점을 호구 모양으로 연결하는 방법입니다.

흑1의 곳이 끊기는 약점을 호구 모양으로 연결하는 방법입니다.

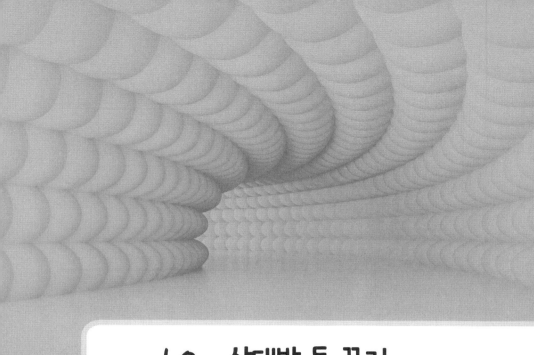

제10장 상대방 돌 끊기

자기편 돌을 연결시켜서 강화하는 것이 중요하다면 상대편이 돌을 연결시키지 못하도록 활로를 끊어서 공격하는 것 또한 중요한 공격법입니다. 이 장을 통해서는 상대편 돌을 끊어서 공격하는 요령을 공부해 보도록 하겠습니다.

장면도

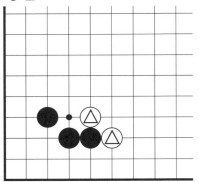

흑은 백△ 두점을 공격하고자 합니다. 흑은 어떤 방법으로 공격해야 할까요?

1도(올바른 공격)

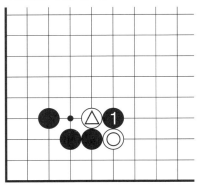

백△ 한점과 백◎ 한점을 공격하고자 한다면 흑1로 끊는 것이 좋습니다. 백은 활로가 따로따로 나뉘어 매우 약한 돌이 되었습니다.

2도(잘못된 공격 1)

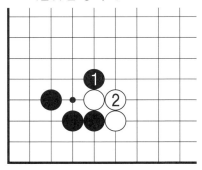

흑1로 두는 것은 좋지 않은 공격법입니다. 백이 2로 연결하면 활로가 대폭 늘어나서 강한 돌이 됩니다.

3도(잘못된 공격 2)

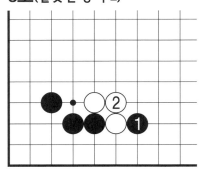

흑1로 두는 것은 좋지 않은 공격법입니다. 백이 2로 연결하면 활로가 대폭 늘어나서 강한 돌이 됩니다.

익힘문제 1

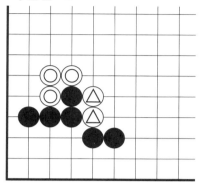

흑은 백△ 두점과 백◎ 석점이 연결하지 못하도록 끊어서 공격하고 싶습니다. 흑은 어느 곳에 두어야 할까요?

1도(올바른 공격)

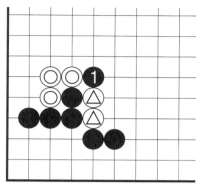

흑1로 끊어야 합니다. 백△ 두점과 백◎ 석점은 활로가 따로따로 나뉘어 매우 약한 돌이 되었습니다.

2도(잘못된 공격 1)

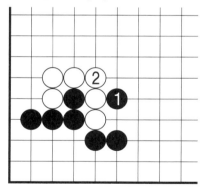

흑1로 두는 것은 잘못된 공격법입니다. 백이 2로 연결하면 백의 활로가 대폭 늘어납니다.

3도(잘못된 공격 2)

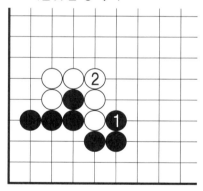

흑1로 두는 수 역시 좋지 않은 공격법입니다. 백이 2로 이으면 백돌의 활로가 일곱 개나 됩니다.

익힘문제 2

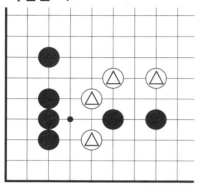

백△ 넉점은 아직 완벽하게 연결된 형태가 아닙니다. 흑은 어떤 방법으로 백을 공격해야 할까요?

1도(올바른 공격 1)

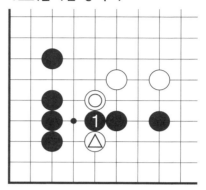

흑1로 절단해야 합니다. 백△ 한점은 백◎ 한점과 연결이 차단되어 흑의 포로가 됩니다.

2도(올바른 공격 2)

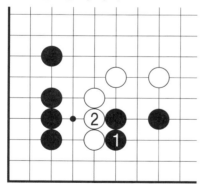

흑1로 두는 것은 좋지 않은 공격법입니다. 백이 2로 연결하면 백의 활로가 대폭 늘어납니다.

3도(올바른 공격 3)

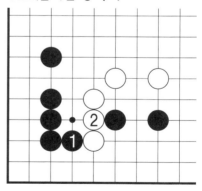

흑1로 두는 수는 더욱 좋지 않습니다. 백이 2로 연결하면 활로가 늘어나 잡힐 염려가 없습니다.

백△와 백◎가 연결하지 못하도록 끊어서 공격하려면 어느 곳에 두어야 할까요?

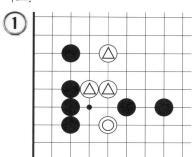

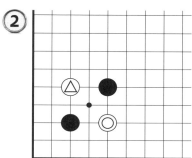

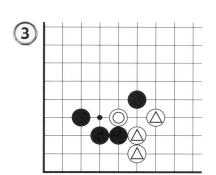

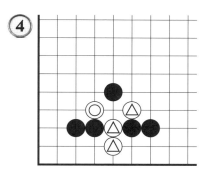

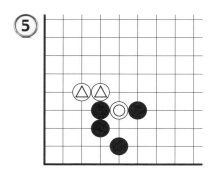

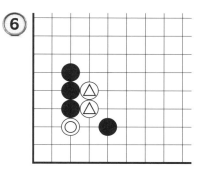

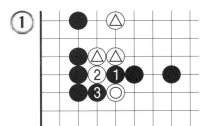

흑1·3으로 두면 백△와 백
◎를 끊어서 공격할 수 있습
니다.

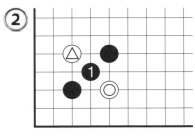

흑1로 두면 백△와 백◎를 끊
어서 공격할 수 있습니다.

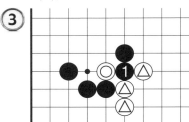

흑1로 두면 백△와 백◎를 끊
어서 공격할 수 있습니다.

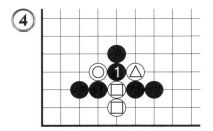

흑1로 두면 백△와 백◎, 백
▢를 끊어서 공격할 수 있습
니다.

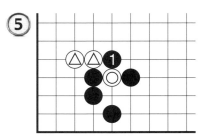

흑1로 두면 백△와 백◎를 끊
어서 공격할 수 있습니다.

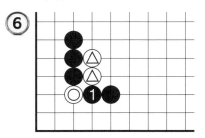

흑1로 두면 백△와 백◎를 끊
어서 공격할 수 있습니다.

백△와 백◎가 연결하지 못하도록 끊어서 공격하려면 어느 곳에 두어야 할까요?

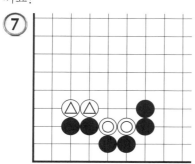

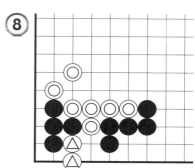

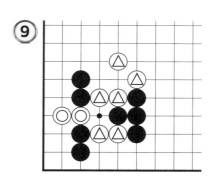

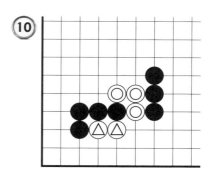

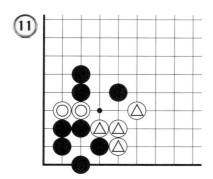

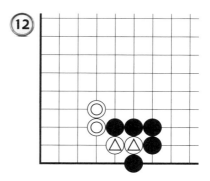

⑦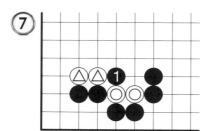

흑1로 두면 백△와 백◎를 끊어서 공격할 수 있습니다.

⑧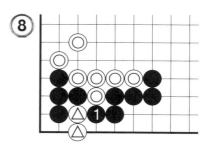

흑1로 두면 백△와 백◎를 끊어서 공격할 수 있습니다.

⑨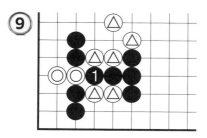

흑1로 두면 백△와 백◎를 끊어서 공격할 수 있습니다.

⑩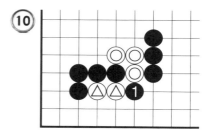

흑1로 두면 백△와 백◎를 끊어서 공격할 수 있습니다.

⑪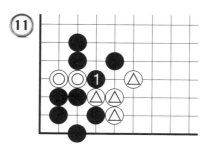

흑1로 두면 백△와 백◎를 끊어서 공격할 수 있습니다.

⑫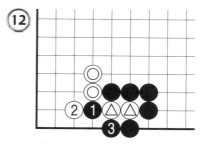

흑1·3으로 두면 백△와 백◎를 끊어서 공격할 수 있습니다.

연습문제 13~18

연결되지 않은 백의 약점을 찾아 끊어서 공격해 보세요.

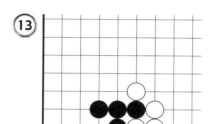

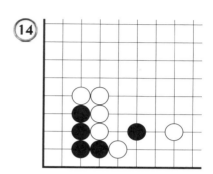

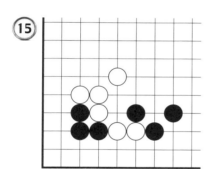

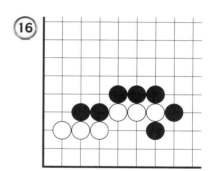

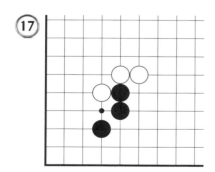

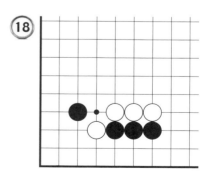

⑬
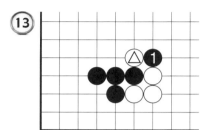

흑1로 두면 백△를 끊어서
공격할 수 있습니다.

⑭
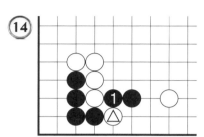

흑1로 두면 백△를 끊어서
공격할 수 있습니다.

⑮
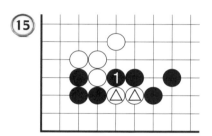

흑1로 두면 백△를 끊어서
공격할 수 있습니다.

⑯
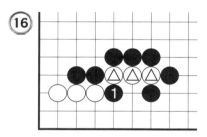

흑1로 두면 백△를 끊어서
공격할 수 있습니다.

⑰
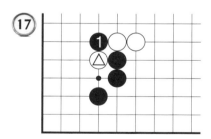

흑1로 두면 백△를 끊어서
공격할 수 있습니다.

⑱
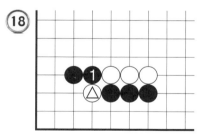

흑1로 두면 백△를 끊어서
공격할 수 있습니다.

연습문제 19~24

연결되지 않은 백의 약점을 찾아 끊어서 공격해 보세요.

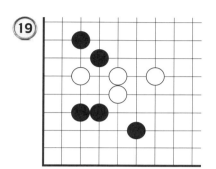

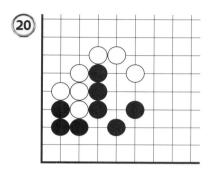

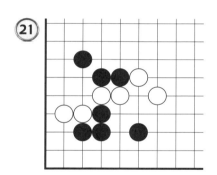

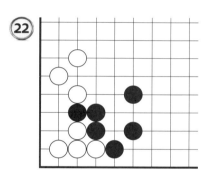

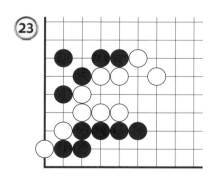

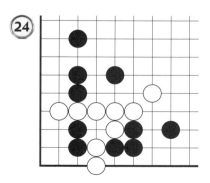

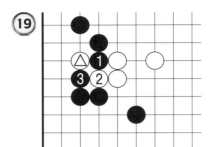

19

흑1·3으로 두면 백△를 끊어서 공격할 수 있습니다.

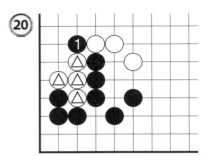

20

흑1로 두면 백△를 끊어서 공격할 수 있습니다.

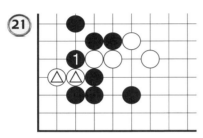

21

흑1로 두면 백△를 끊어서 공격할 수 있습니다.

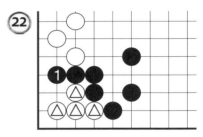

22

흑1로 두면 백△를 끊어서 공격할 수 있습니다.

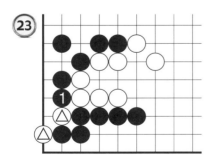

23

흑1로 두면 백△를 끊어서 공격할 수 있습니다.

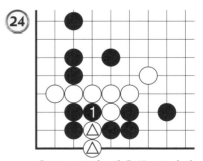

24

흑1로 두면 백△를 끊어서 공격할 수 있습니다.

흑1로 둔 수가 착수 가능한 곳이면 ○표, 착수 불가능한 곳이면 ×표 하세요.

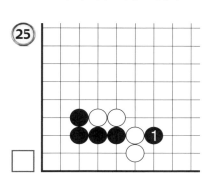

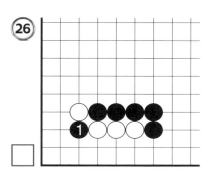

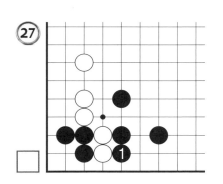

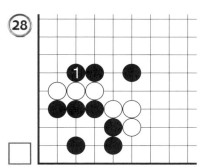

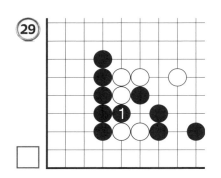

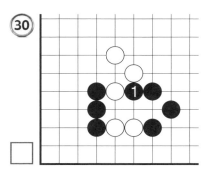

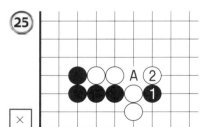

25

흑1은 백2로 호구치면 A에 끊을 수 없으므로 잘못된 공격입니다.

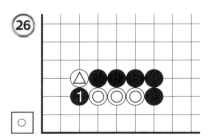

26

흑1은 백△와 백◎를 끊어서 공격하는 좋은 수입니다.

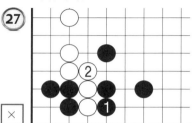

27

흑1은 백2로 연결하면 더 이상 공격이 불가능하므로 좋지 않은 수입니다.

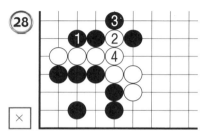

28

흑1은 백2로 호구치면 끊을 수 없으므로 잘못된 공격입니다.

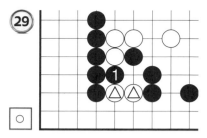

29

흑1은 백△ 두점을 끊어서 잡을 수 있으므로 좋은 공격입니다.

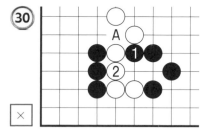

30

흑1은 백이 2로 연결하면 끊을 수 없으므로 좋지 않은 공격입니다. A의 곳은 호구 모양이라 끊을 수 없습니다.

흑1이 좋은 공격이면 ○표, 좋지 않은 공격이면 ×표 하세요.

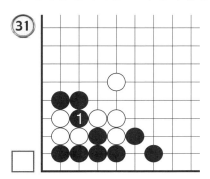

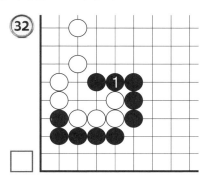

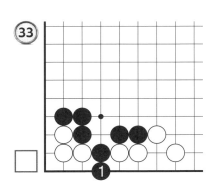

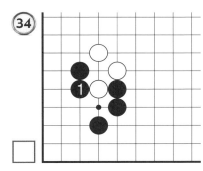

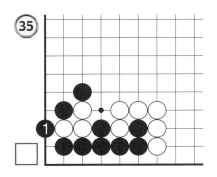

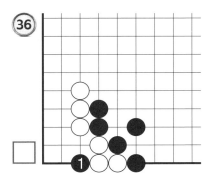

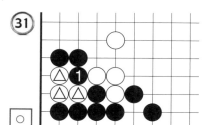

흑1은 백△ 석점을 끊어서 잡을 수 있으므로 좋은 공격 입니다.

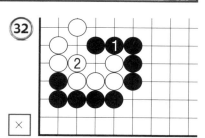

흑1은 백이 2로 연결하면 더 이상 공격할 수 없으므로 잘 못된 수입니다.

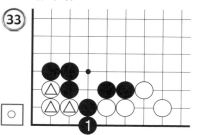

흑1은 백△ 석점을 끊어서 잡을 수 있으므로 좋은 공격 입니다.

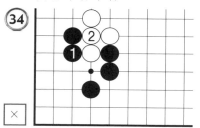

흑1은 백이 2로 연결하면 공 격이 불가능하므로 나쁜 수 입니다.

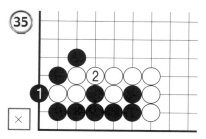

흑1은 백이 2로 연결하면 더 이상 공격이 불가능하므로 나쁜 수입니다.

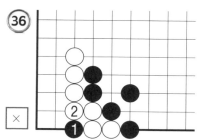

흑1은 백이 2로 연결하면 공 격이 불가능하므로 잘못된 공격입니다.

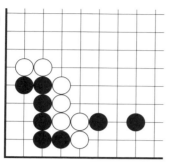

백돌을 끊어서 공격할 수 있는 곳이 네 군데 있습니다. 백의 약점을 모두 찾아서 흑돌로 끊어 보세요.

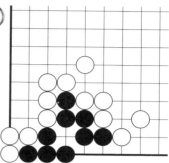

백돌을 끊어서 공격할 수 있는 곳이 네 군데 있습니다. 백의 약점을 모두 찾아서 흑돌로 끊어 보세요.

연습문제 37~38 정답

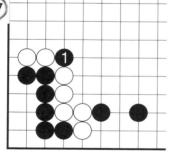

흑1의 곳이 백돌을 끊어서 공격하는 수입니다.

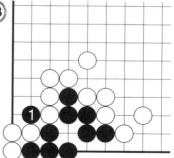

흑1의 곳이 백돌을 끊어서 공격하는 수입니다.

제11장 벼랑끝 1선으로 단수치기

도망가는 도둑을 잡으려면 막다른 골목으로 몰아야 하듯
이 바둑을 둘 때 상대방 돌을 잡기 위해서는 막다른 골목인
1선으로 몰아야 합니다. 이 장을 통해서는 상대방 돌을 1
선으로 단수쳐서 잡는 방법을 공부해 보겠습니다.

장면도

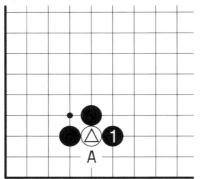

백△ 한점을 잡으려면 흑은 1로 단수쳐서 백돌을 벼랑끝인 1선 쪽으로 몰아야 합니다. 백은 A로 달아나야 하는데 도망가는 방향이 1선입니다.

1도(잘못된 단수)

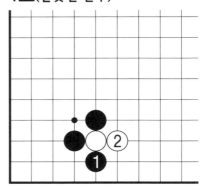

흑1로 단수치는 것은 잘못된 방향입니다. 백2로 달아나면 백을 공격하기가 쉽지 않습니다.

2도(석점 따먹기)

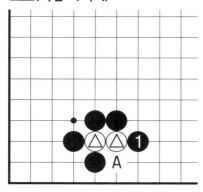

흑이 백△ 두점을 공격하고자 한다면 흑1로 단수쳐서 벼랑끝으로 몰아야 합니다. 백은 A로 달아나야 하는데 벼랑끝이 기다리고 있습니다.

3도(백, 죽음)

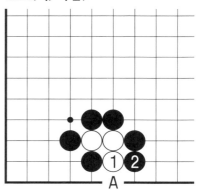

백1로 달아나면 흑2로 막아서 백을 막다른 골목으로 몰아갑니다. 백은 A로 달아나 봐야 벼랑끝 낭떠러지이므로 살 수 없습니다.

익힘문제 1

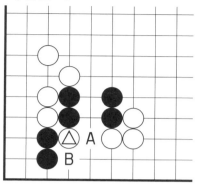

백△ 한점을 공격해서 잡으려면 A 와 B 중 어느 쪽으로 단수쳐야 할 까요?

1도(정답)

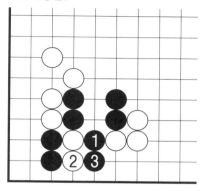

흑1로 단수쳐야 합니다. 백2로 달 아나도 흑3으로 단수치면 백은 벼 랑끝에서 떨어져 죽게 됩니다.

2도(1도의 변화)

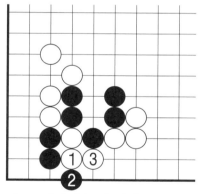

백1로 달아났을 때 벼랑끝으로 몰 지 않고 흑2로 단수치는 것은 큰 실수입니다. 백3으로 연결하면 더 이상 공격이 불가능합니다.

3도(실패)

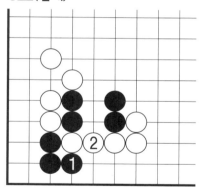

흑1로 단수치는 것은 방향이 틀렸 습니다. 백2로 연결하면 흑은 공 격해야 할 대상을 잃어 버리고 맙 니다.

익힘문제 2

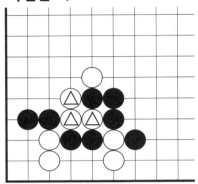

흑은 백△ 석점을 공격해서 잡고 싶은데 어떤 공격법을 선보여야 할까요?

1도(정답)

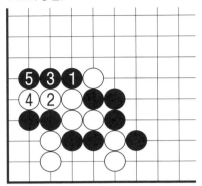

흑1로 단수쳐서 백을 벼랑끝으로 몰아가야 합니다. 백2로 달아나면 흑3·5로 막아서 백을 계속 벼랑끝으로 몰아갑니다. 막다른 골목에 다다른 백은 목숨을 포기해야 합니다.

2도(1도의 변화)

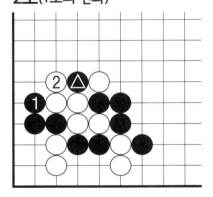

1도의 흑3으로 단수치지 않고 그림의 흑1처럼 단수치는 것은 방향이 틀렸습니다. 백2로 달아나면 흑▲ 한점이 도리어 단수가 됩니다.

3도(실패)

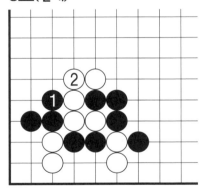

애초에 흑1로 단수치는 것은 큰 실수입니다. 백이 2로 연결하면 더 이상 공격할 수 없습니다.

백△를 벼랑끝 1선으로 몰아서 잡으려면 어느 곳으로 단수쳐야 할까요?

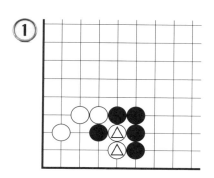

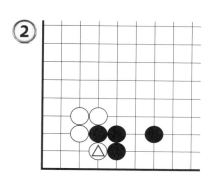

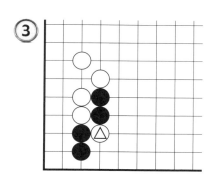

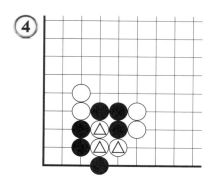

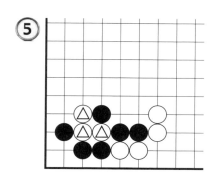

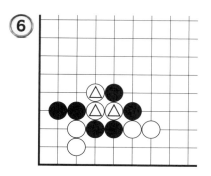

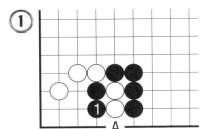

흑1로 단수치면 백 두점은 벼랑끝인 A의 곳으로밖에 달아날 길이 없습니다.

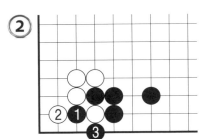

흑1로 단수치면 흑3까지 백 한점을 벼랑끝으로 몰아 잡을 수 있습니다.

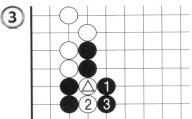

흑1로 단수치면 흑3까지 백 ▲ 한점을 벼랑끝으로 몰아 잡을 수 있습니다.

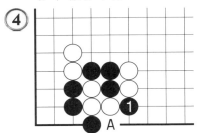

흑1로 단수치면 백 석점은 벼랑끝인 A의 곳으로밖에 달아날 길이 없습니다.

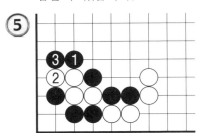

흑1로 단수친 후 3으로 막으면 백을 벼랑끝으로 몰아 잡을 수 있습니다.

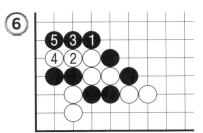

흑1로 단수친 후 5까지 몰면 백을 벼랑끝으로 몰아 잡을 수 있습니다.

백△를 벼랑끝 1선으로 몰아서 잡으려면 어느 곳으로 단수쳐야 할까요?

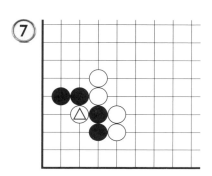

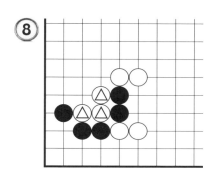

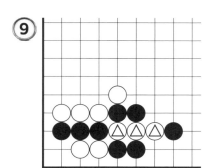

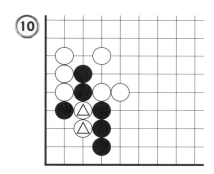

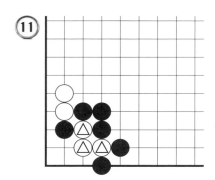

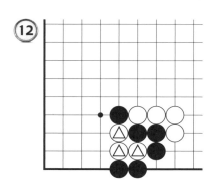

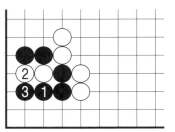

흑1로 단수친 후 3으로 막으면 백을 벼랑끝으로 몰아 잡을 수 있습니다.

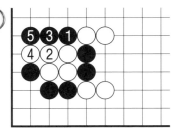

흑1로 단수친 후 3·5로 막으면 백을 벼랑끝으로 몰아 잡을 수 있습니다.

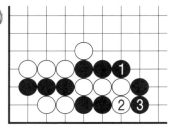

흑1로 단수친 후 3으로 막으면 백을 벼랑끝으로 몰아 잡을 수 있습니다.

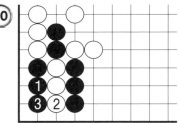

흑1로 단수친 후 3으로 막으면 백을 벼랑끝으로 몰아 잡을 수 있습니다.

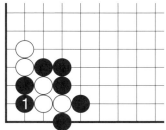

흑1로 단수친 후 3으로 막으면 백을 벼랑끝으로 몰아 잡을 수 있습니다.

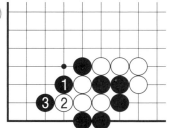

흑1로 단수친 후 3으로 막으면 백을 벼랑끝으로 몰아 잡을 수 있습니다.

단수칠 수 있는 백돌을 찾아 벼랑끝 1선으로 몰아 보세요.

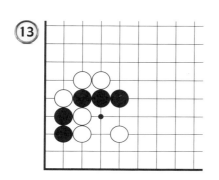

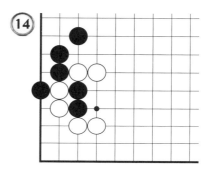

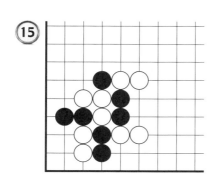

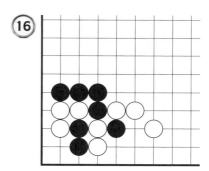

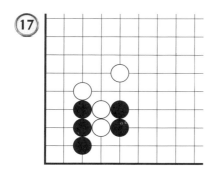

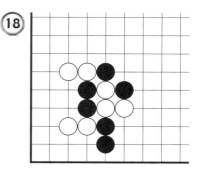

연습문제 13~18 정답

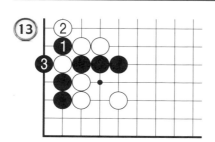

흑1로 단수쳐야 흑3까지 백을 벼랑끝으로 몰아 잡을 수 있습니다.

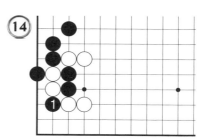

흑1로 단수쳐야 백을 벼랑끝으로 몰아 잡을 수 있습니다.

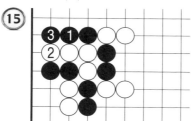

흑1로 단수쳐야 흑3까지 백을 벼랑끝으로 몰아 잡을 수 있습니다.

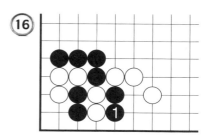

흑1로 단수쳐야 백을 벼랑끝으로 몰아 잡을 수 있습니다.

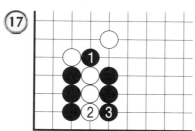

흑1로 단수쳐야 흑3까지 백을 벼랑끝으로 몰아 잡을 수 있습니다.

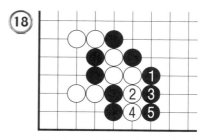

흑1로 단수쳐야 흑5까지 백을 벼랑끝으로 몰아 잡을 수 있습니다.

연습문제 19~24

단수칠 수 있는 백돌을 찾아 벼랑끝 1선으로 몰아 보세요.

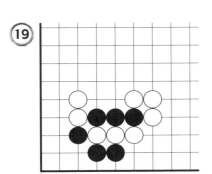

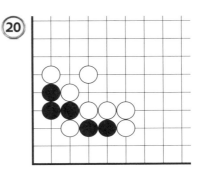

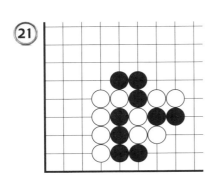

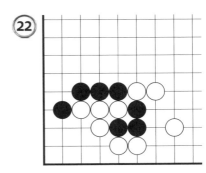

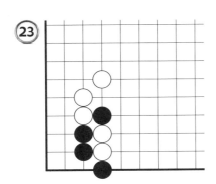

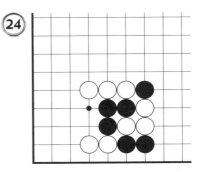

(19)

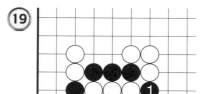

흑1로 단수쳐야 흑3까지 백
을 벼랑끝으로 몰아 잡을 수
있습니다.

(20)

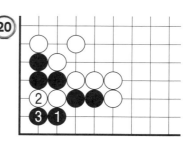

흑1로 단수쳐야 흑3까지 백
을 벼랑끝으로 몰아 잡을 수
있습니다.

(21)

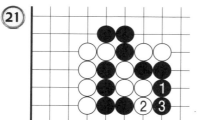

흑1로 단수쳐야 흑3까지 백
을 벼랑끝으로 몰아 잡을 수
있습니다.

(22)

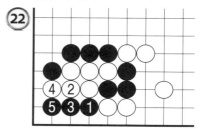

흑1로 단수쳐야 흑5까지 백
을 벼랑끝으로 몰아 잡을 수
있습니다.

(23)

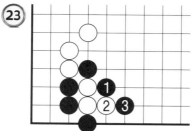

흑1로 단수쳐야 흑5까지 백
을 벼랑끝으로 몰아 잡을 수
있습니다.

(24)

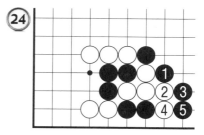

흑1로 단수쳐야 흑5까지 백
을 벼랑끝으로 몰아 잡을 수
있습니다.

흑1로 단수친 수가 백을 벼랑끝으로 잘 몰고 있으면 ○표, 그렇지 않으면 ×
표 하세요.

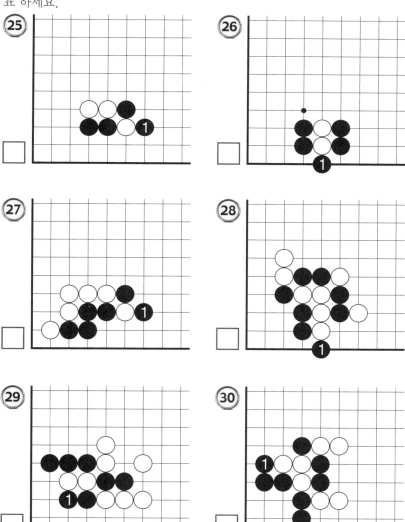

(25)

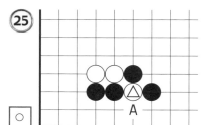

백△ 한점은 A로 달아나야 하는데 도망가는 방향이 막다른 골목인 벼랑끝 1선입니다.

(26)

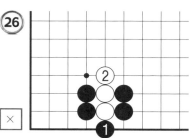

흑1은 백2로 달아나므로 잘못된 단수의 방향입니다.

(27)

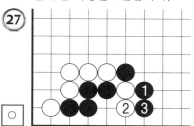

흑1·3은 백을 벼랑끝으로 몰고 있으므로 적절한 공격입니다.

(28)

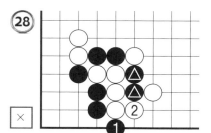

흑1은 잘못된 방향입니다. 백2로 달아나면 도리어 흑● 두점이 단수가 됩니다.

(29)

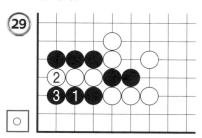

흑1·3은 백을 벼랑끝으로 몰고 있으므로 적절한 공격입니다.

(30)

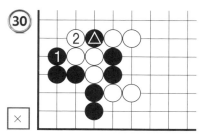

흑1은 잘못된 방향입니다. 백2로 달아나면 도리어 흑● 한점이 단수가 됩니다.

흑1로 단수친 수가 백을 벼랑끝으로 잘 몰고 있으면 ○표, 그렇지 않으면 ×표 하세요.

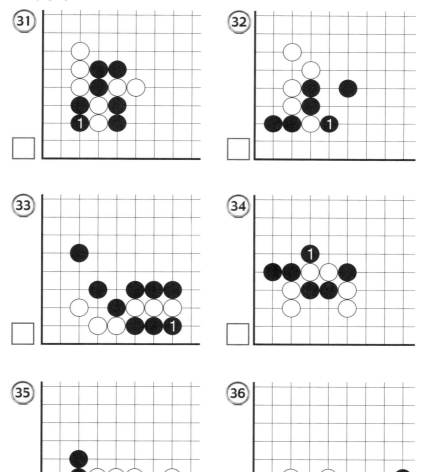

(31)

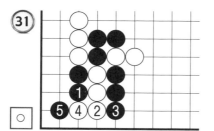

○

흑1·3·5는 백을 벼랑끝으로 몰고 있으므로 적절한 공격입니다.

(32)

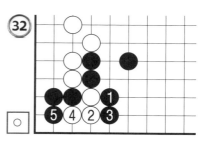

○

흑1·3·5는 백을 벼랑끝으로 몰고 있으므로 적절한 공격입니다.

(33)

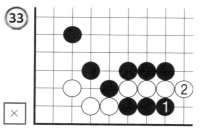

×

흑1은 잘못된 방향입니다. 백은 2로 달아나 버립니다.

(34)

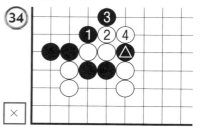

×

흑1·3은 잘못된 방향입니다. 백2·4로 달아나면 도리어 흑▲ 한점이 단수가 됩니다.

(35)

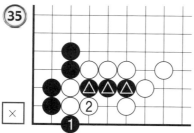

×

흑1은 잘못된 방향입니다. 백2로 달아나면 도리어 흑▲ 석점이 단수가 됩니다.

(36)

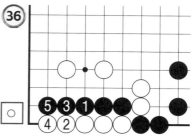

○

흑1·3·5는 백을 벼랑끝으로 몰고 있으므로 적절한 공격입니다.

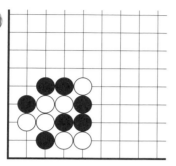

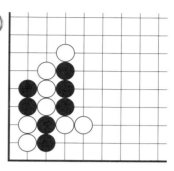

단수칠 수 있는 백돌(네 군데)을 찾아 벼랑끝 1선으로 몰아 보세요.

단수칠 수 있는 백돌(네 군데)을 찾아 벼랑끝 1선으로 몰아 보세요.

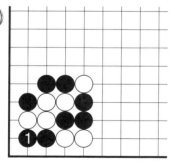

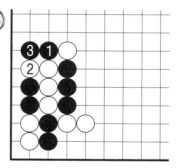

흑1의 곳이 백을 벼랑끝으로 몰아서 잡는 올바른 단수의 방향입니다.

흑1·3으로 공격하는 것이 백을 벼랑끝으로 몰아서 잡는 올바른 단수의 방향입니다.

제12장 우리편 강한 쪽으로 단수치기

상대방 돌을 공격할 때 벼랑끝인 1선으로 단수쳐야 한다
고 공부했습니다. 그런데 벼랑끝인 1선으로 공격하기가
쉽지 않을 때에는 우리편 강한 쪽으로 몰아서 공격해야 합
니다. 이 장을 통해서는 우리편 강한 쪽으로 몰아서 잡는
방법을 공부하겠습니다.

장면도

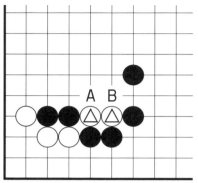

백△ 두점을 단수쳐서 공격하고
싶습니다. 흑은 A와 B 중 어느 쪽
으로 단수쳐야 할까요?

1도(우리편 쪽으로 공격)

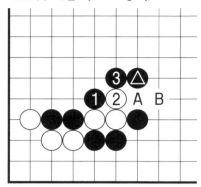

흑● 한점이 든든하게 버티고 기
다리고 있으므로 흑1로 단수쳐야
합니다. 백2로 달아나면 흑3으로
막아서 백을 생포합니다. 이후 백
은 A로 달아나도 B의 곳에 막히면
손해만 커질 뿐입니다.

2도(잘못된 단수)

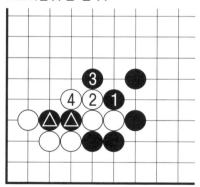

흑1·3으로 단수치는 것은 잘못된
단수의 방향입니다. 백4까지 달아
나면 오히려 흑● 두점이 단수가
되고 맙니다.

3도(2도의 계속)

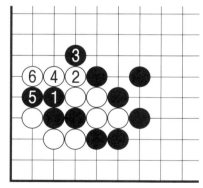

2도 이후 흑1로 달아나고 백2 때
흑3으로 단수쳐도 백4·6이면 흑
이 오히려 벼랑끝에 몰려 잡히는
신세가 됩니다.

익힘문제 1

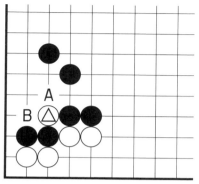

백△ 한점을 단수쳐서 잡으려면 A 와 B 중 어느 쪽으로 공격해야 할 까요?

1도(정답)

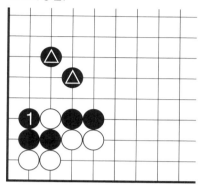

우리편인 흑▲ 두점이 강하게 버티고 있으므로 흑1로 몰아야 합니다.

2도(백, 죽음)

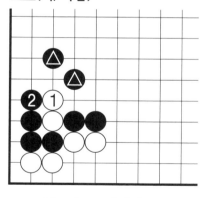

1도 이후 백1로 달아나도 흑2로 막으면 흑▲ 두점이 백을 체포하는 데 큰 공을 세웁니다.

3도(실패)

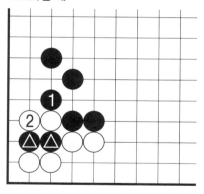

흑1로 단수치는 것은 백이 2로 달아나면서 흑▲ 두점이 먼저 단수가 됩니다. 벼랑끝에 몰린 흑 두점은 살아날 방법이 없습니다.

익힘문제 2

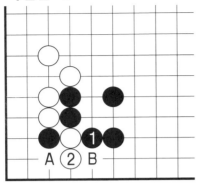

흑1로 단수치자 백이 2로 달아난 장면입니다. 흑은 A와 B 중 어느 쪽으로 공격해야 할까요?

1도(정답)

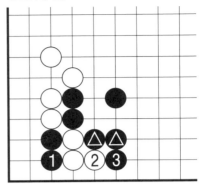

흑● 두점이 강한 우리편이므로 흑1로 막아야 합니다. 백2로 달아나도 흑3으로 막으면 백을 잡을 수 있습니다.

2도(실패)

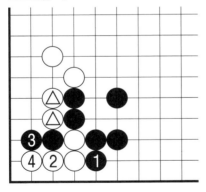

흑1로 막는 것은 방향이 틀렸습니다. 백이 2로 단수친 후 흑3 때 4로 막으면 흑 두점이 강한 백△ 두점 쪽으로 몰려 죽게 됩니다.

3도(변화)

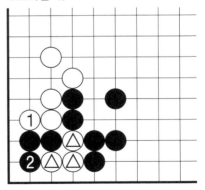

2도의 백4로 두지 않고 그림의 백1로 막는 것은 방향이 틀렸습니다. 흑2로 막으면 이번엔 백△ 석점이 죽게 됩니다.

백△를 우리편 강한 쪽으로 단수쳐서 잡아 보세요.

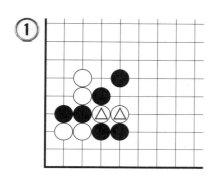

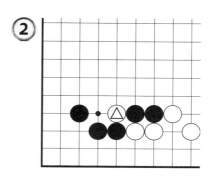

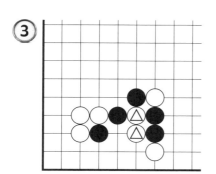

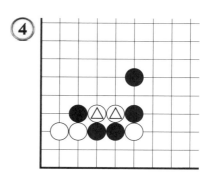

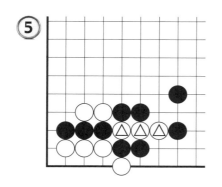

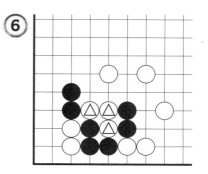

①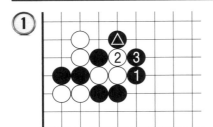

흑●가 우리편 강한 돌이므로 흑1로 단수쳐야 합니다. 백2로 달아나도 흑3으로 잡을 수 있습니다.

②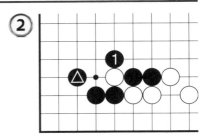

흑●가 우리편 강한 돌이므로 흑1로 단수쳐야 백을 잡을 수 있습니다.

③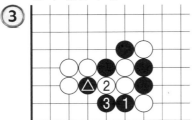

흑●가 우리편 강한 돌이므로 흑1로 단수쳐야 합니다. 백2로 달아나도 흑3으로 잡을 수 있습니다.

④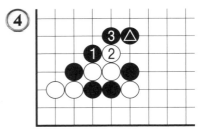

흑●가 우리편 강한 돌이므로 흑1로 단수쳐야 합니다. 백2로 달아나도 흑3으로 잡을 수 있습니다.

⑤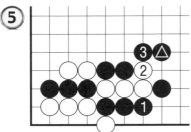

흑●가 우리편 강한 돌이므로 흑1로 단수쳐야 합니다. 백2로 달아나도 흑3으로 잡을 수 있습니다.

⑥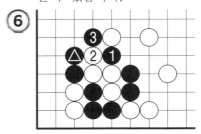

흑●가 우리편 강한 돌이므로 흑1로 단수쳐야 합니다. 백2로 달아나도 흑3으로 잡을 수 있습니다.

연습문제 7~12

백△를 우리편 강한 쪽으로 단수쳐서 잡아 보세요.

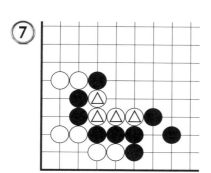

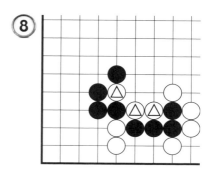

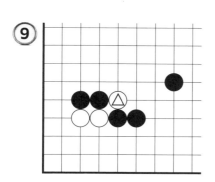

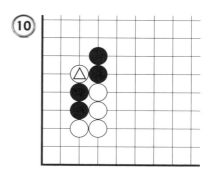

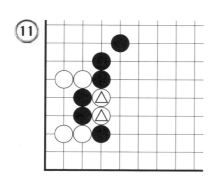

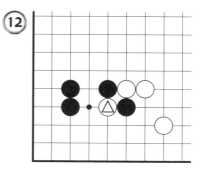

⑦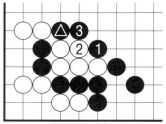

흑●가 우리편 강한 돌이므로 흑1로 단수쳐야 합니다. 백2로 달아나도 흑3으로 잡을 수 있습니다.

⑧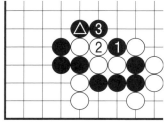

흑●가 우리편 강한 돌이므로 흑1로 단수쳐야 합니다. 백2로 달아나도 흑3으로 잡을 수 있습니다.

⑨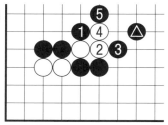

흑●가 우리편 강한 돌이므로 흑1로 단수쳐야 합니다. 백2·4로 달아나도 흑5까지 백을 잡을 수 있습니다.

⑩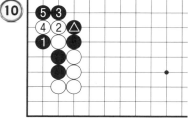

흑●가 우리편 강한 돌이므로 흑1로 단수쳐야 합니다. 백2로 달아나도 흑3·5로 백을 잡을 수 있습니다.

⑪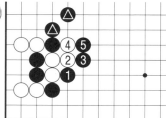

흑●가 우리편 강한 돌이므로 흑1로 단수쳐야 합니다. 백2로 달아나도 흑3·5로 백을 잡을 수 있습니다.

⑫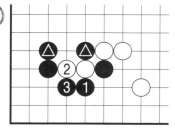

흑●가 우리편 강한 돌이므로 흑1로 단수쳐야 합니다. 백2로 달아나도 흑3으로 잡을 수 있습니다.

흑●가 우리편 강한 돌입니다. 단수칠 수 있는 백돌을 찾아 우리편 강한 쪽
으로 몰아서 잡아 보세요.

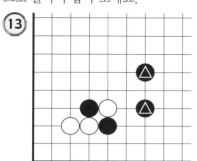

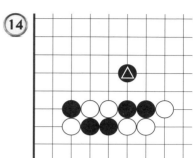

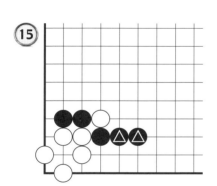

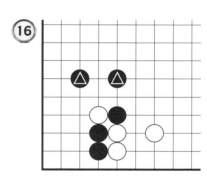

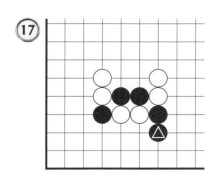

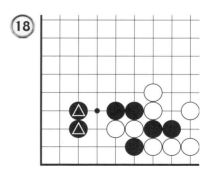

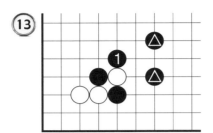

흑⬤가 우리편 강한 돌이므
로 흑1로 단수쳐야 합니다.

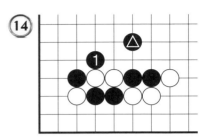

흑⬤가 우리편 강한 돌이므
로 흑1로 단수쳐야 합니다.

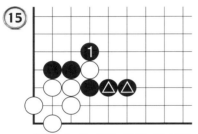

흑⬤가 우리편 강한 돌이므
로 흑1로 단수쳐야 합니다.

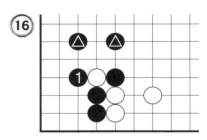

흑⬤가 우리편 강한 돌이므
로 흑1로 단수쳐야 합니다.

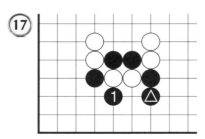

흑⬤가 우리편 강한 돌이므
로 흑1로 단수쳐야 합니다.

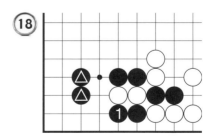

흑⬤가 우리편 강한 돌이므
로 흑1로 단수쳐야 합니다.

우리편 강한 쪽으로 몰아서 공격하려면 A와 B 중 어느 쪽으로 단수쳐야 할까요?

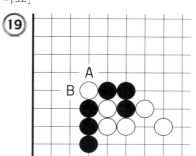

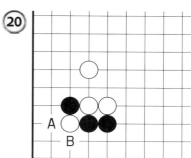

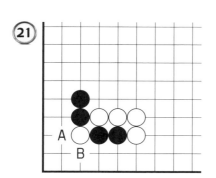

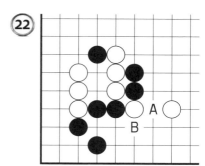

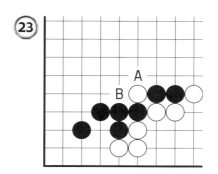

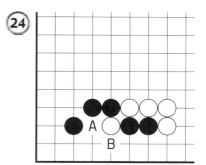

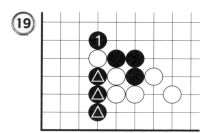

흑▲가 우리편 강한 돌이므
로 흑1로 단수쳐야 합니다.

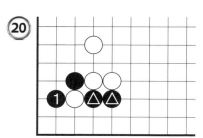

흑▲가 우리편 강한 돌이므
로 흑1로 단수쳐야 합니다.

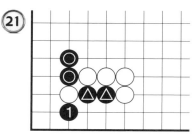

흑▲가 우리편 강한 돌이므
로 흑1로 단수쳐야 합니다.

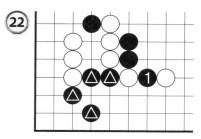

흑▲가 우리편 강한 돌이므
로 흑1로 단수쳐야 합니다.

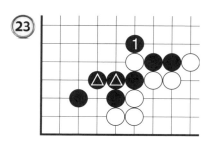

흑▲가 우리편 강한 돌이므
로 흑1로 단수쳐야 합니다.

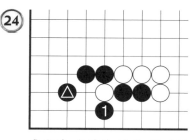

흑▲가 우리편 강한 돌이므
로 흑1로 단수쳐야 합니다.

제13장 공격할 돌을 분리시켜서 단수치기

사자가 야생동물을 사냥할 때 사냥감이 무리지어 똘똘 뭉쳐 있다면 공격하기가 쉽지 않습니다. 사냥에 성공하려면 사냥감을 무리로부터 분리시켜 공격해야 합니다. 바둑돌도 상대방이 연결하지 못하도록 분리시켜 공격해야 성공을 거둘 수 있습니다.

장면도

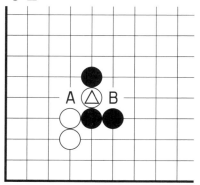

흑은 백△ 한점을 공격하고 싶습니다. A와 B 중 어느 곳으로 단수쳐야 공격의 효과를 크게 거둘 수 있을까요?

1도(올바른 공격)

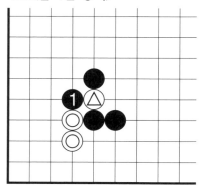

흑1로 단수쳐서 백△ 한점과 백◎ 두점을 분리시켜 공격해야 합니다.

2도(잘못된 공격)

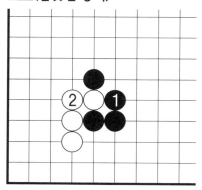

흑1로 단수치는 것은 좋지 않습니다. 백이 2로 연결하면 더 이상 공격이 어려워집니다.

3도(늘어난 활로)

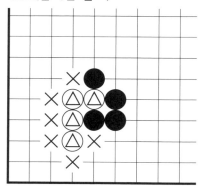

튼튼하게 연결된 백△ 넉점은 ×로 표시한 여섯 개의 활로를 갖고 있기 때문에 쉽게 잡힐 돌이 아닙니다.

익힘문제 1

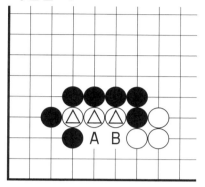

흑이 백△ 석점을 공격해서 잡으려면 A와 B 중 어느 쪽으로 단수쳐야 할까요?

1도(정답)

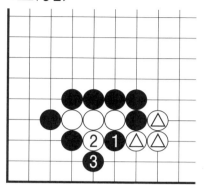

흑1로 끊어서 백△ 석점과 분리시켜야 목적을 달성할 수 있습니다. 백이 2로 달아나도 흑3으로 앞길을 막으면 백을 잡을 수 있습니다.

2도(실패)

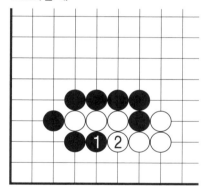

흑1로 단수치면 백2로 연결합니다. 이제 흑이 활로가 대폭 늘어난 백을 공격하기란 쉽지 않습니다.

3도(튼튼한 백돌)

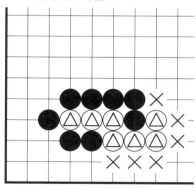

×로 표시한 여섯 개의 활로를 갖고 있는 백△ 돌들은 모두가 연결되어 공격이 불가능한 돌이 되었습니다.

익힘문제 2

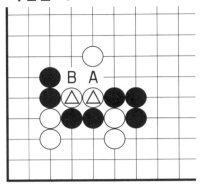

흑은 백△ 두점을 공격해서 잡고 싶습니다. A와 B 중 어느 곳으로 단수쳐야 목적을 달성할 수 있을까요?

1도 (정답)

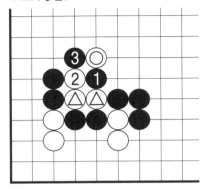

흑1로 단수쳐서 백△ 두점과 백◎를 분리시켜 공격해야 합니다. 백은 2로 달아나 봐도 흑3으로 먹히면 손해만 커질 뿐입니다.

2도 (실패)

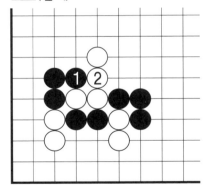

흑1로 단수치면 백이 2로 연결해서 공격이 실패로 돌아갑니다.

3도 (흑, 죽음)

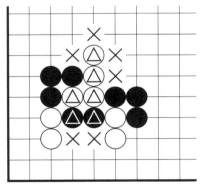

모두가 연결된 백△ 넉점은 ×로 표시한 네 개의 활로를 갖고 있습니다. 반면에 흑● 두점은 두 개의 활로뿐이라 흑이 먼저 잡히는 신세가 되었습니다.

연습문제 1~6

흑이 백△를 단수쳐서 잡으려면 A와 B 중 어느 곳에 두어야 할까요?

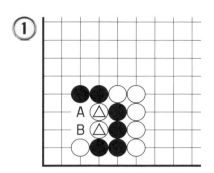

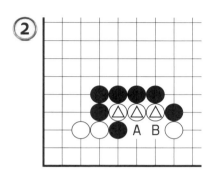

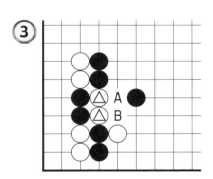

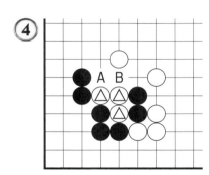

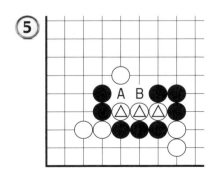

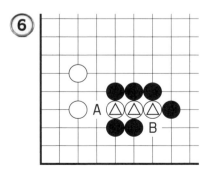

①

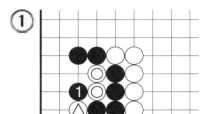

흑1로 단수치면 백△와 백◎를 분리시켜 잡을 수 있습니다.

②

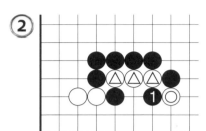

흑1로 단수치면 백△와 백◎를 분리시켜 잡을 수 있습니다.

③

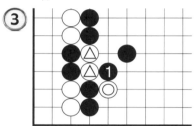

흑1로 단수치면 백△와 백◎를 분리시켜 잡을 수 있습니다.

④

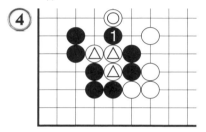

흑1로 단수치면 백△와 백◎를 분리시켜 잡을 수 있습니다.

⑤

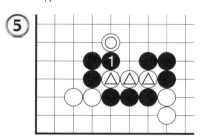

흑1로 단수치면 백△와 백◎를 분리시켜 잡을 수 있습니다.

⑥

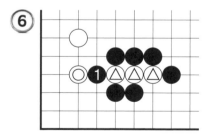

흑1로 단수치면 백△와 백◎를 분리시켜 잡을 수 있습니다.

흑이 백△를 단수쳐서 잡으려면 A와 B 중 어느 곳에 두어야 할까요?

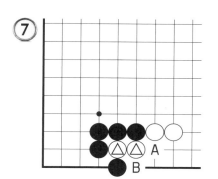

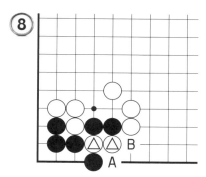

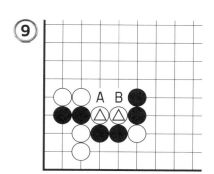

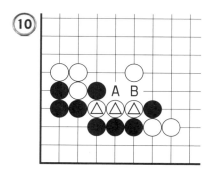

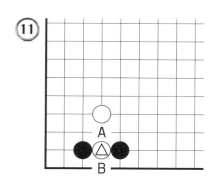

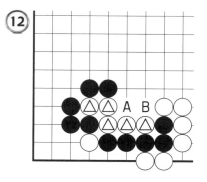

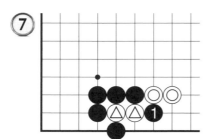

흑1로 단수치면 백△와 백◎
를 분리시켜 잡을 수 있습니다.

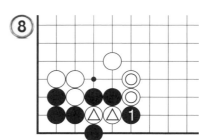

흑1로 단수치면 백△와 백◎
를 분리시켜 잡을 수 있습니다.

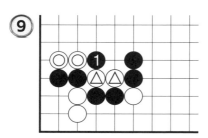

흑1로 단수치면 백△와 백◎
를 분리시켜 잡을 수 있습니다.

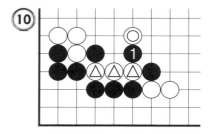

흑1로 단수치면 백△와 백◎
를 분리시켜 잡을 수 있습니다.

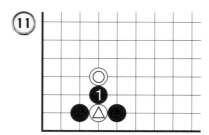

흑1로 단수치면 백△와 백◎
를 분리시켜 잡을 수 있습니다.

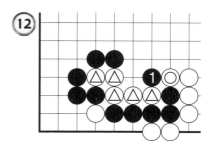

흑1로 단수치면 백△와 백◎
를 분리시켜 잡을 수 있습니다.

연습문제 13~18

백△를 무리로부터 분리시켜 잡으려면 어떻게 단수쳐야 할까요?

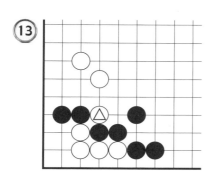

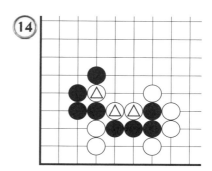

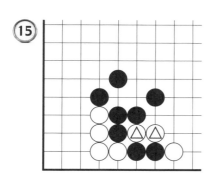

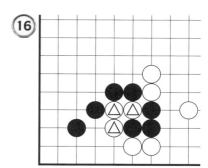

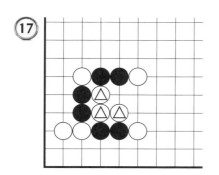

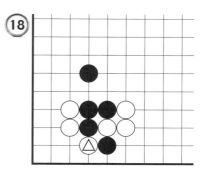

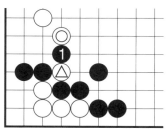

흑1로 단수치면 백△와 백◎
를 분리시켜 잡을 수 있습니
다.

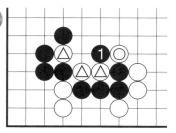

흑1로 단수치면 백△와 백◎
를 분리시켜 잡을 수 있습니
다.

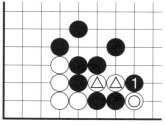

흑1로 단수치면 백△와 백◎
를 분리시켜 잡을 수 있습니
다.

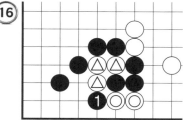

흑1로 단수치면 백△와 백◎
를 분리시켜 잡을 수 있습니
다.

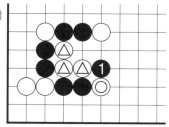

흑1로 단수치면 백△와 백◎
를 분리시켜 잡을 수 있습니
다.

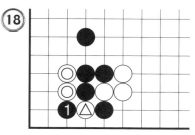

흑1로 단수치면 백△와 백◎
를 분리시켜 잡을 수 있습니
다.

백△를 무리로부터 분리시켜 잡으려면 어떻게 단수쳐야 할까요?

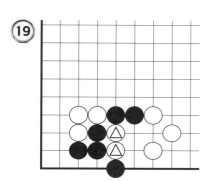

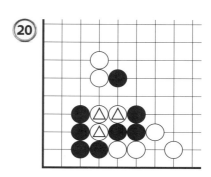

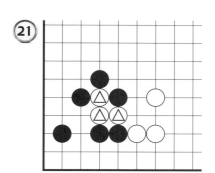

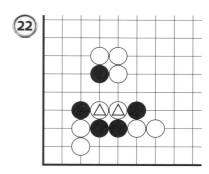

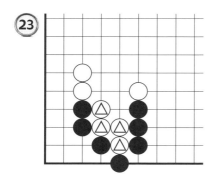

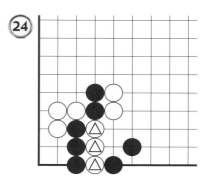

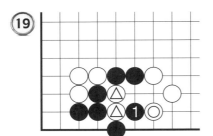

흑1로 단수치면 백△와 백◎를 분리시켜 잡을 수 있습니다.

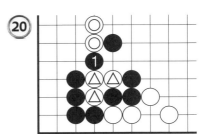

흑1로 단수치면 백△와 백◎를 분리시켜 잡을 수 있습니다.

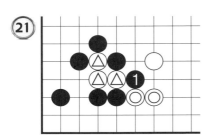

흑1로 단수치면 백△와 백◎를 분리시켜 잡을 수 있습니다.

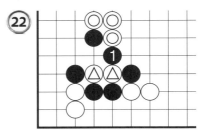

흑1로 단수치면 백△와 백◎를 분리시켜 잡을 수 있습니다.

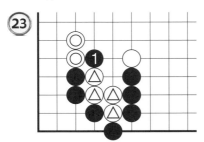

흑1로 단수치면 백△와 백◎를 분리시켜 잡을 수 있습니다.

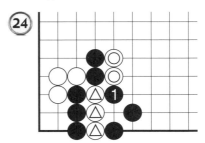

흑1로 단수치면 백△와 백◎를 분리시켜 잡을 수 있습니다.

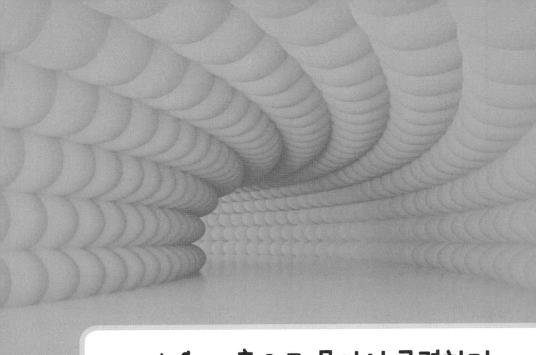

제14장 축으로 몰아서 공격하기

바둑을 둘 때 단수를 만들어서 상대방 돌을 잡기란 그리 쉬운 것이 아닙니다. 상대가 눈뜬 장님이 아닌 이상 단수가 되었을 때 활로를 넓혀 달아나면 그만이기 때문입니다. 그렇지만 축이라는 기술을 활용하면 상대방 돌을 멋지게 포획할 수 있습니다. 이 장을 통해서는 축을 통해 상대방 돌을 잡는 기술을 배우도록 하겠습니다.

장면도

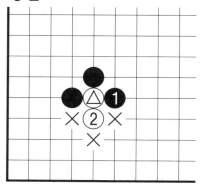

백△ 한점을 공격하기 위해 흑1로
단수쳐 보지만 백이 2로 달아나면
더 이상 공격이 쉽지 않습니다. 한
개뿐이었던 백돌의 활로가 ×로 표
시한 세 개로 늘어났기 때문입니다.

1도(강한 쪽으로 단수)

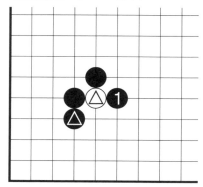

흑●에 우리편 강한 돌이 있는 경
우라면 흑1로 단수쳤을 때 백△ 한
점이 달아날 수 없습니다. 이와 같
은 형태를 가리켜 축이라고 부릅
니다.

2도(축)

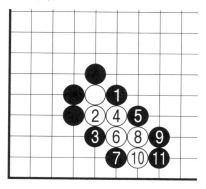

흑1로 단수쳤을 때 백2로 달아나면
흑3으로 단수칩니다. 백4로 달아나
면 이번엔 반대편인 흑5 쪽에서 단
수를 칩니다. 백6·8로 달아나도
흑7·9로 몰아간 후 11로 단수치면
백은 벼랑끝에 몰려 죽게 됩니다.

3도(잘못된 단수)

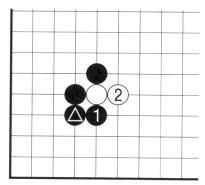

우리편 강한 돌인 흑● 한점을 무
시하고 흑1로 단수치면 백은 2로
달아납니다. 흑은 더 이상 단수를
칠 수 없으므로 백을 잡기가 쉽지
않습니다.

익힘문제 1

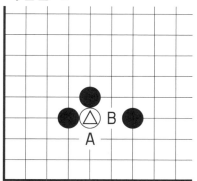

백△ 한점을 단수쳐서 잡으려고
합니다. 흑은 A와 B 중 어느 쪽으
로 단수쳐야 백을 축으로 만들 수
있을까요?

1도(정답)

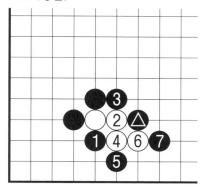

흑▲가 우리편 강한 돌이므로 흑
1로 단수쳐야 합니다. 백2로 달아
나도 흑3·5로 단수치면 백을 연
속적인 단수로 몰아 벼랑끝으로
떠밀 수 있습니다.

2도(또 다른 축)

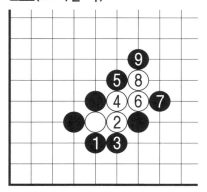

흑1, 백2 때 흑3으로 몰아도 축이
됩니다. 백은 4·6·8로 나가면
나갈수록 손해가 커집니다. 축에
걸리면 빨리 포기하고 다른 곳에
두는 것이 좋습니다.

3도(실패)

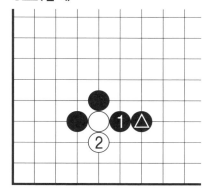

우리편 강한 돌인 흑▲ 한점을 무
시하고 흑1로 단수치면 안 됩니다.
백2로 달아나면 연속적인 단수로
몰 수가 없습니다.

익힘문제 2

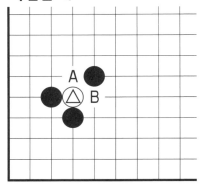

흑은 백△ 한점을 축으로 몰아서 잡으려고 합니다. A 또는 B에 단수쳤을 때 모두 축이 성립할까요?

1도(정답 1)

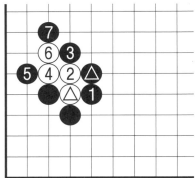

흑1로 단수치면 백△ 한점을 우리 편 강한 돌인 흑▲로 몰아간 형태이므로 백을 축으로 공격할 수 있습니다. 백은 2·4로 나가면 나갈수록 손해가 커집니다.

2도(정답 2)

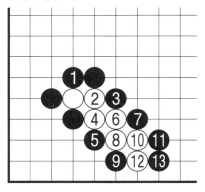

흑1로 몰아도 축이 됩니다. 백이 2로 달아나도 흑3으로 단수친 후 13까지 몰아가면 백을 크게 잡아먹을 수 있습니다.

3도(실패)

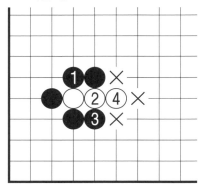

흑1, 백2 때 흑3으로 단수치는 것은 잘못된 방향입니다. 백4로 달아나면 백 석점이 ×로 표시한 세 개의 활로로 늘어나 흑은 연속적인 단수가 불가능합니다.

백△를 축으로 몰아서 공격하려면 흑은 어떻게 두어야 할까요?

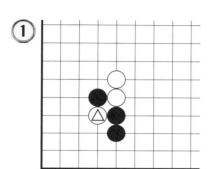

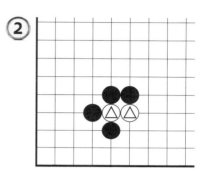

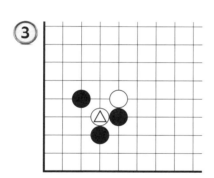

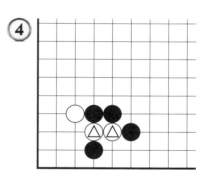

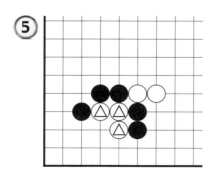

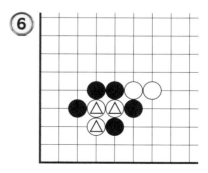

①

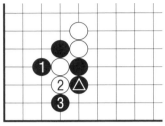

흑▲ 한점이 우리편 강한 돌이므로 흑1로 단수치면 흑3까지 백을 축으로 만들어 잡을 수 있습니다.

②

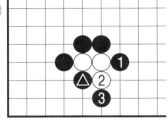

흑▲ 한점이 우리편 강한 돌이므로 흑1로 단수치면 흑3까지 백을 축으로 만들어 잡을 수 있습니다.

③

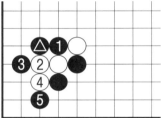

흑▲ 한점이 우리편 강한 돌이므로 흑1로 단수치면 흑5까지 백을 축으로 만들어 잡을 수 있습니다.

④

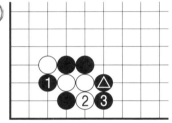

흑▲ 한점이 우리편 강한 돌이므로 흑1로 단수치면 흑3까지 백을 축으로 만들어 잡을 수 있습니다.

⑤

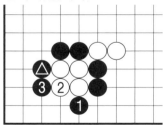

흑▲ 한점이 우리편 강한 돌이므로 흑1로 단수치면 흑3까지 백을 축으로 만들어 잡을 수 있습니다.

⑥

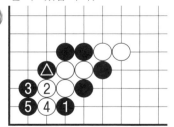

흑▲ 한점이 우리편 강한 돌이므로 흑1로 단수치면 흑5까지 백을 축으로 만들어 잡을 수 있습니다.

백△를 축으로 몰아서 공격하려면 흑은 어떻게 두어야 할까요?

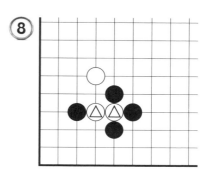

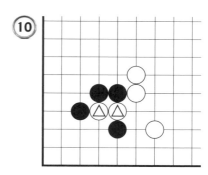

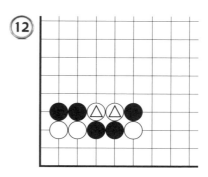

⑦
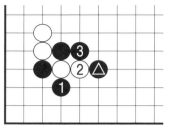

흑⬤ 한점이 우리편 강한 돌
이므로 흑1로 단수치면 흑3
까지 백을 축으로 만들어 잡
을 수 있습니다.

⑧
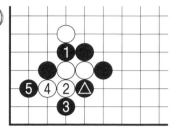

흑⬤ 한점이 우리편 강한 돌
이므로 흑1로 단수치면 흑5
까지 백을 축으로 만들어 잡
을 수 있습니다.

⑨
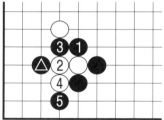

흑⬤ 한점이 우리편 강한 돌
이므로 흑1로 단수치면 흑5
까지 백을 축으로 만들어 잡
을 수 있습니다.

⑩
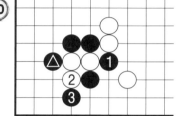

흑⬤ 한점이 우리편 강한 돌
이므로 흑1로 단수치면 흑3
까지 백을 축으로 만들어 잡
을 수 있습니다.

⑪
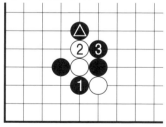

흑⬤ 한점이 우리편 강한 돌
이므로 흑1로 단수치면 흑3
까지 백을 축으로 만들어 잡
을 수 있습니다.

⑫
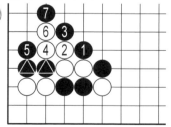

흑⬤ 두점이 우리편 강한 돌
이므로 흑1로 단수치면 흑5
까지 백을 축으로 만들어 잡
을 수 있습니다.

흑1로 단수친 수가 백△를 축으로 몰고 있으면 ○표, 그렇지 않으면 ×표 하
세요.

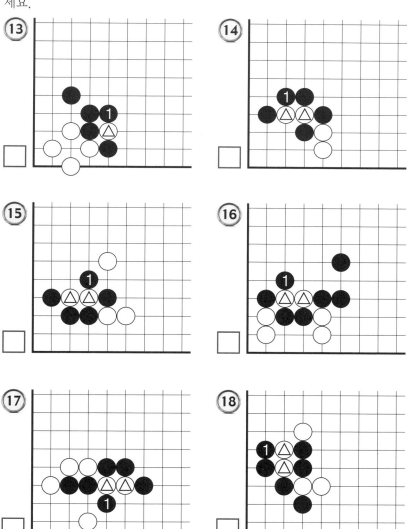

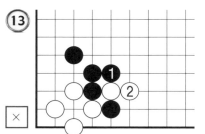

⑬

흑1로 단수치면 백2로 나가
는 순간 더 이상 단수를 만들
수 없습니다.

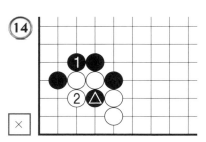

⑭

흑1로 단수치면 백2로 달아
나는 순간 흑♠ 한점이 먼저
잡힙니다.

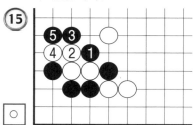

⑮

흑1로 단수친 후 흑5까지 몰
면 백을 축으로 잡을 수 있습
니다.

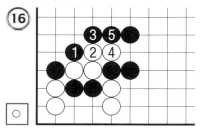

⑯

흑1로 단수친 후 흑5까지 몰
면 백을 축으로 잡을 수 있습
니다.

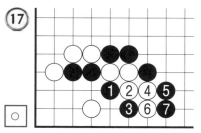

⑰

흑1로 단수친 후 흑7까지 백
을 벼랑끝으로 몰면 축으로
잡을 수 있습니다.

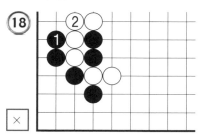

⑱

흑1로 단수치는 것은 백2로
연결해서 실패입니다.

흑1로 단수친 수가 백△를 축으로 몰고 있으면 ○표, 그렇지 않으면 ×표 하세요.

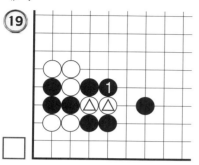

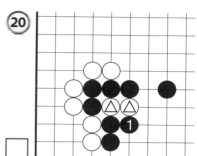

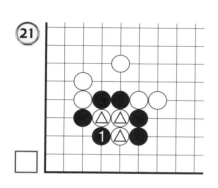

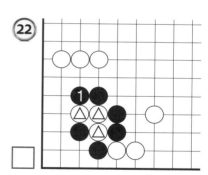

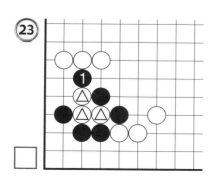

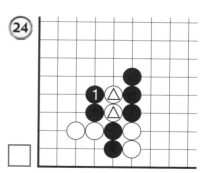

19

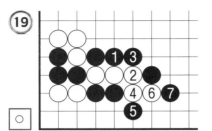

○

흑1로 단수치면 흑7까지 백
을 축으로 잡을 수 있습니다.

20

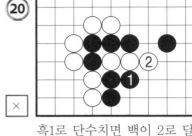

×

흑1로 단수치면 백이 2로 달
아나서 더 이상 단수칠 수 없
으므로 축이 아닙니다.

21

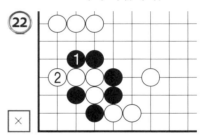

×

흑1로 단수치면 백이 2로 달
아나서 더 이상 단수칠 수 없
으므로 축이 아닙니다.

22

×

흑1로 단수치면 백이 2로 달
아나서 더 이상 단수칠 수 없
으므로 축이 아닙니다.

23

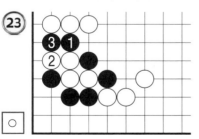

○

흑1로 단수치면 백2, 흑3까
지 백을 벼랑끝으로 몰아 축
으로 잡을 수 있습니다.

24

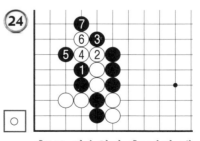

○

흑1로 단수치면 흑7까지 백
을 축으로 잡을 수 있습니다.

제 15 장 양단수로 공격하기

바둑돌은 단수를 만들어도 달아나면 그만이기 때문에 좀
처럼 포획하기가 쉽지 않습니다. 그러나 단 한수로 두 개의
단수를 동시에 만들 수만 있다면 둘 중 하나를 잡는 것은
누워서 떡 먹기보다 쉬울 것입니다. 이번에 공부할 내용은
양단수를 통해 상대방 돌을 잡는 방법입니다.

장면도

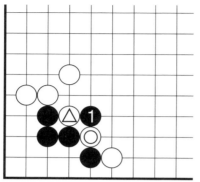

흑1로 단수치면 백△ 한점과 백◎ 한점이 동시에 단수가 됩니다. 이처럼 단 한수로 두 개의 단수를 만드는 기술을 양단수라고 부릅니다.

1도(빵때림)

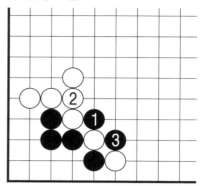

흑1로 단수쳤을 때 백2로 달아난다면 흑3으로 두어 백 한점을 따낼 수 있습니다.

2도(둘 중 하나)

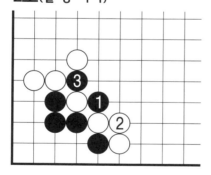

흑1 때 백2로 잇는다면 이번엔 흑3으로 따낼 수 있습니다. 이처럼 양단수를 만들면 둘 중 하나를 손쉽게 따낼 수 있습니다.

3도(잘못된 단수)

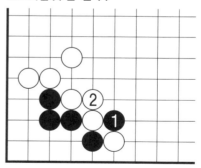

흑1은 양단수가 아닙니다. 백이 2로 잇고 나면 따낼 수 있는 돌이 없습니다.

예제 1

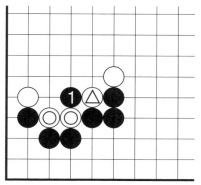

흑1은 백△ 한점과 백◎ 두점을 동시에 단수로 만드는 양단수입니다. 양단수를 허용한 백은 둘 중 하나를 포기할 수밖에 없습니다.

1도(두점 따내기)

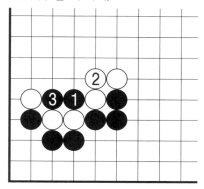

흑1 때 백2로 이으면 흑3으로 두어 백 두점을 따낼 수 있습니다.

2도(한점 따내기)

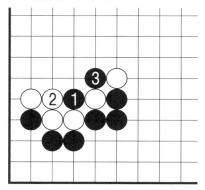

흑1 때 백2로 잇는다면 이번엔 흑3으로 두어 백 한점을 따낼 수 있습니다.

3도(잘못된 단수)

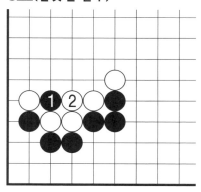

흑1로 단수치면 백은 2로 연결합니다. 이번엔 도리어 흑 한점이 단수가 되었습니다.

예제 2

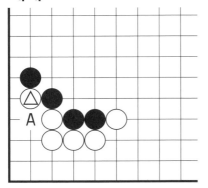

상대방 돌을 단수칠 수 있다고 해서 무조건 단수를 쳐서는 안 됩니다. 흑은 A에 두면 백△ 한점을 잡을 수 있지만 단수를 쳐서는 안 됩니다.

1도(백의 양단수)

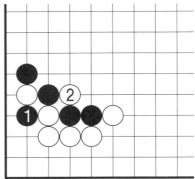

흑1로 단수치면 백2의 양단수가 기다립니다. 양단수를 허용하면 흑은 둘 중 하나를 포기해야 하므로 손해가 큽니다.

2도(흑의 정수)

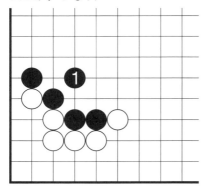

흑은 단수를 칠 것이 아니라 흑1처럼 양호구를 쳐서 양단수되는 약점을 보강해야 합니다.

3도(잘못된 보강)

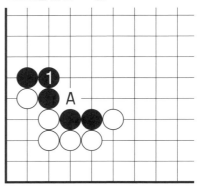

흑1로 잇는 것은 A의 약점이 남아 잘못된 보강입니다.

연습문제 1~6

양단수되는 곳을 찾아서 단수쳐 보세요.

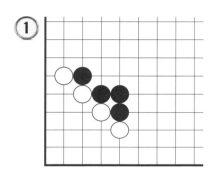

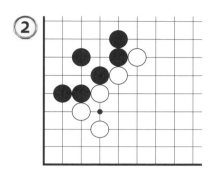

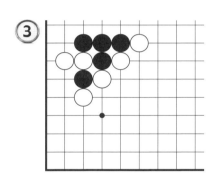

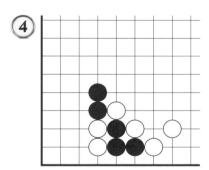

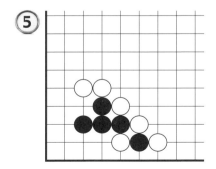

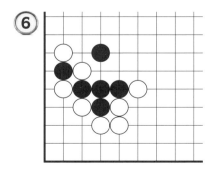

흑1로 두면 백△와 백◎를 동시에 단수로 만들 수 있습니다.

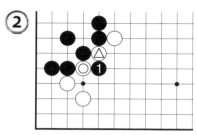

흑1로 두면 백△와 백◎를 동시에 단수로 만들 수 있습니다.

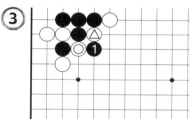

흑1로 두면 백△와 백◎를 동시에 단수로 만들 수 있습니다.

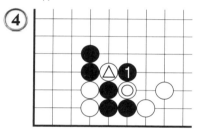

흑1로 두면 백△와 백◎를 동시에 단수로 만들 수 있습니다.

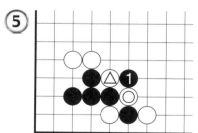

흑1로 두면 백△와 백◎를 동시에 단수로 만들 수 있습니다.

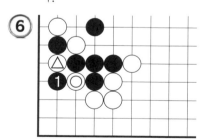

흑1로 두면 백△와 백◎를 동시에 단수로 만들 수 있습니다.

연습문제 7~12

양단수되는 곳을 찾아서 단수쳐 보세요.

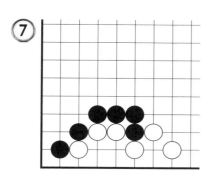

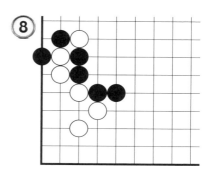

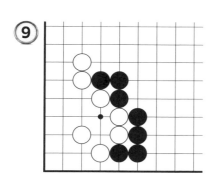

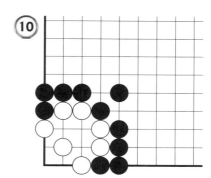

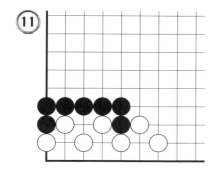

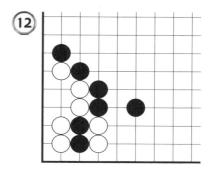

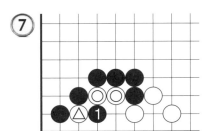

⑦

흑1로 두면 백△와 백◎를 동시에 단수로 만들 수 있습니다.

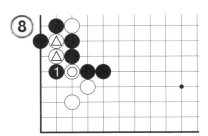

⑧

흑1로 두면 백△와 백◎를 동시에 단수로 만들 수 있습니다.

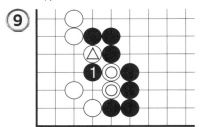

⑨

흑1로 두면 백△와 백◎를 동시에 단수로 만들 수 있습니다.

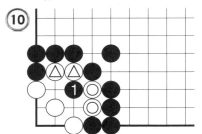

⑩

흑1로 두면 백△와 백◎를 동시에 단수로 만들 수 있습니다.

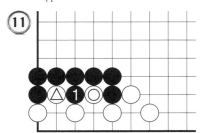

⑪

흑1로 두면 백△와 백◎를 동시에 단수로 만들 수 있습니다.

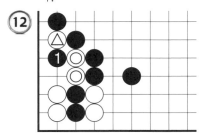

⑫

흑1로 두면 백△와 백◎를 동시에 단수로 만들 수 있습니다.

양단수되는 곳을 찾아서 단수쳐 보세요.

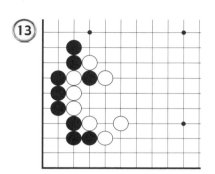

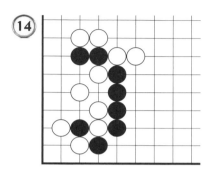

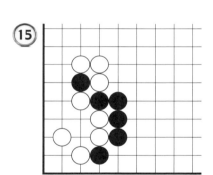

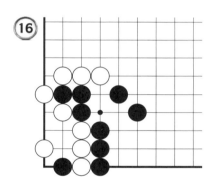

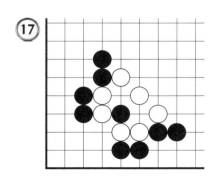

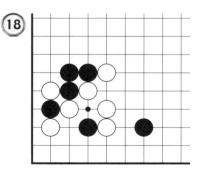

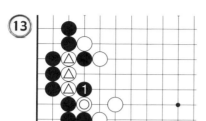

흑1로 두면 백△와 백◎를 동시에 단수로 만들 수 있습니다.

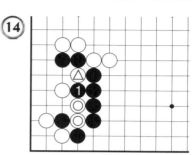

흑1로 두면 백△와 백◎를 동시에 단수로 만들 수 있습니다.

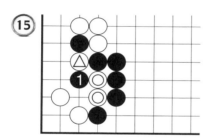

흑1로 두면 백△와 백◎를 동시에 단수로 만들 수 있습니다.

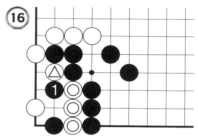

흑1로 두면 백△와 백◎를 동시에 단수로 만들 수 있습니다.

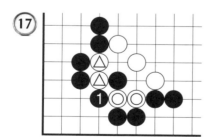

흑1로 두면 백△와 백◎를 동시에 단수로 만들 수 있습니다.

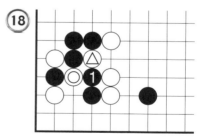

흑1로 두면 백△와 백◎를 동시에 단수로 만들 수 있습니다.

연습문제 19~24

양단수되는 곳을 찾아서 단수쳐 보세요.

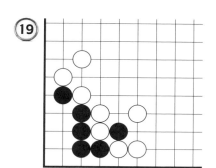

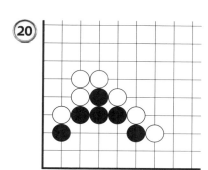

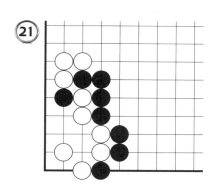

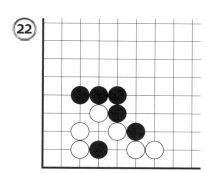

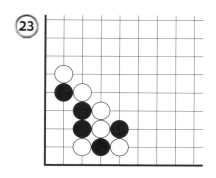

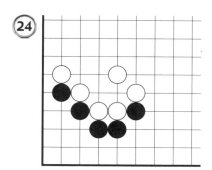

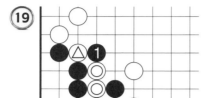

⑲ 흑1로 두면 백△와 백◎를 동시에 단수로 만들 수 있습니다.

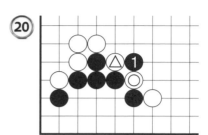

⑳ 흑1로 두면 백△와 백◎를 동시에 단수로 만들 수 있습니다.

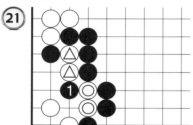

㉑ 흑1로 두면 백△와 백◎를 동시에 단수로 만들 수 있습니다.

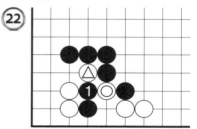

㉒ 흑1로 두면 백△와 백◎를 동시에 단수로 만들 수 있습니다.

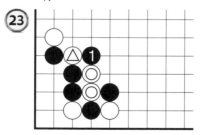

㉓ 흑1로 두면 백△와 백◎를 동시에 단수로 만들 수 있습니다.

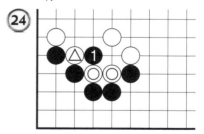

㉔ 흑1로 두면 백△와 백◎를 동시에 단수로 만들 수 있습니다.

제16장 살릴 수 있을까 없을까?

상대방에게 공격받는 돌이 있을 때 살릴 수 없는 돌이라면 미련 없이 포기할 줄 아는 것이 바둑을 잘 두는 비결입니다. 이 장을 통해서는 공격받는 돌을 살려야 할 때와 죽여야 할 때를 구별하는 방법을 공부하겠습니다.

장면도

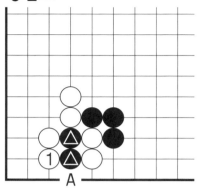

백1로 단수치는 순간 흑▲ 두점의 활로가 A의 곳 한 개뿐입니다. 이처럼 활로가 1선에 한 개뿐인 돌은 재빨리 포기하는 것이 현명한 선택입니다.

1도(흑, 손해)

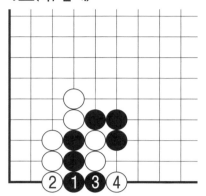

흑이 미련을 버리지 못하고 1·3으로 달아나면 안 됩니다. 백2·4면 손해가 더욱 커집니다.

2도(단수된 흑돌의 삶)

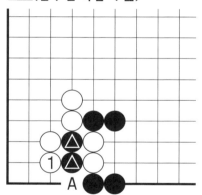

백1로 단수치는 순간 흑▲ 두점의 활로가 A의 곳 한 개뿐입니다. 지금과 같은 장면에서도 흑 두점을 살릴 수 없을까요?

3도(살릴 수 있는 돌)

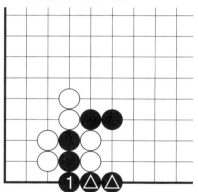

흑▲처럼 자기편 응원군이 있는 경우라면 1선이라도 흑1로 연결해서 살릴 수가 있습니다.

익힘문제 1

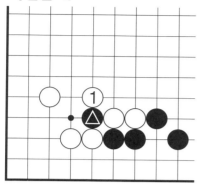

백1로 단수친 장면입니다. 흑은 단수된 흑⚫ 한점을 살릴 수 있을까요?

1도(흑, 달아날 수 없다)

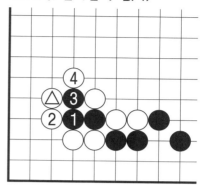

흑1·3으로 달아나면 안 됩니다. 백△가 대기하고 있으므로 백4까지 크게 잡힙니다.

익힘문제 2

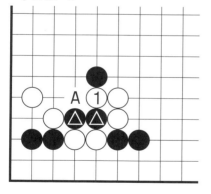

백1로 단수친 장면입니다. 흑⚫ 두점은 A로 달아날 수 있을까요?

1도(흑, 달아날 수 없다)

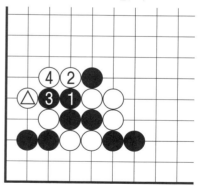

흑1로 달아나서는 안 됩니다. 백2때 흑3으로 달아나도 백△가 대기하고 있으므로 백4까지 크게 잡힙니다.

익힘문제 3

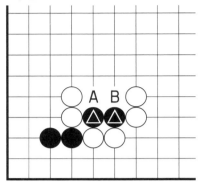

흑● 두점이 잡힐 위기에 놓여 있습니다. 흑은 A나 B에 두어 흑● 두점을 살릴 수 있을까요?

1도(흑, 달아날 수 없다 1)

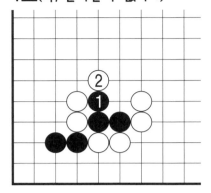

흑1로 달아나도 백2로 막히면 더욱 크게 잡히므로 흑은 달아날 수 없습니다.

2도(흑, 달아날 수 없다 2)

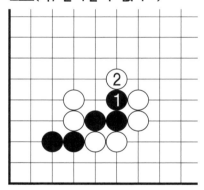

흑1로 달아나도 백2로 막히면 소용이 없습니다. 흑은 손해가 더욱 커지므로 빨리 포기하는 것이 현명합니다.

3도(따먹는 경우)

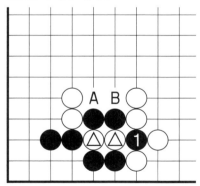

흑은 A나 B에 달아날 수는 없지만 흑1처럼 백△ 두점을 따낼 수 있는 경우에는 살릴 수 있습니다.

연습문제 1~6

흑●를 살릴 수 있으면 ○표, 살릴 수 없으면 ×표 하세요.

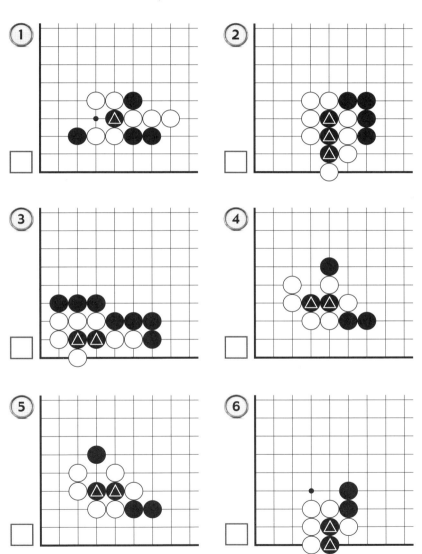

연습문제 1~6 정답

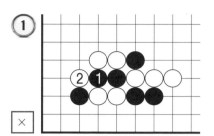

흑1로 달아나도 백2로 막히
면 잡히게 되므로 흑을 살릴
수 없습니다.

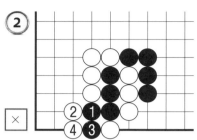

흑1로 달아나도 백2·4로 막
히면 잡히게 되므로 흑을 살
릴 수 없습니다.

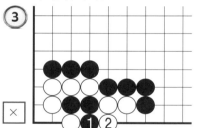

흑1로 달아나도 백2로 막히
면 잡히게 되므로 흑을 살릴
수 없습니다.

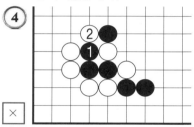

흑1로 달아나도 백2로 막히
면 잡히게 되므로 흑을 살릴
수 없습니다.

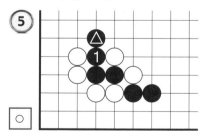

흑1로 나가면 흑▲ 한점과
연결되므로 흑을 살릴 수 있
습니다.

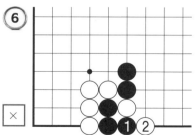

흑1로 달아나도 백2로 막히
면 잡히게 되므로 흑을 살릴
수 없습니다.

흑●를 살릴 수 있으면 ○표, 살릴 수 없으면 ×표 하세요.

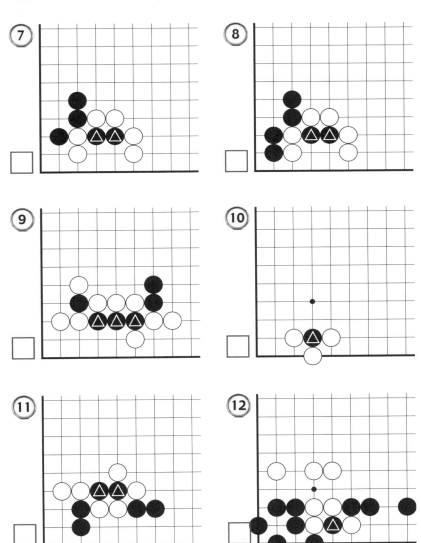

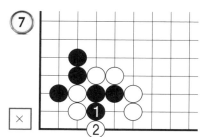

흑1로 달아나도 백2로 막히면 잡히게 되므로 흑을 살릴 수 없습니다.

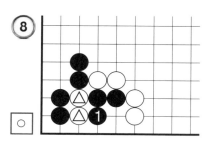

흑1로 두면 백△ 두점을 단수칠 수 있으므로 흑을 살릴 수 있습니다.

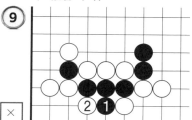

흑1로 달아나도 백2로 막히면 잡히게 되므로 흑을 살릴 수 없습니다.

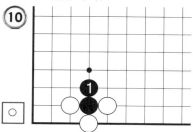

흑1로 나가면 활로가 늘어나므로 살릴 수 있습니다.

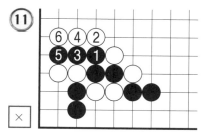

흑1로 달아나도 백2·4·6으로 단수치면 잡히게 되므로 흑을 살릴 수 없습니다.

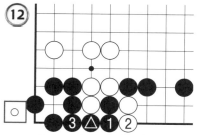

흑1로 두면 흑♠ 한점과 연결되므로 살릴 수 있습니다.

연습문제 13~18

흑⬤를 살릴 수 있으면 ○표, 살릴 수 없으면 ×표 하세요.

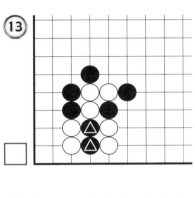

⑬

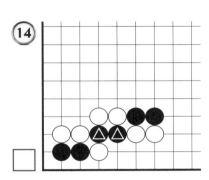

⑭

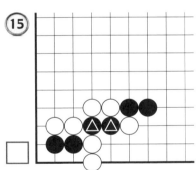

⑮

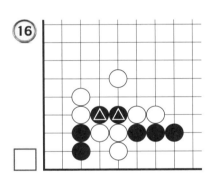

⑯

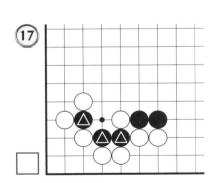

⑰

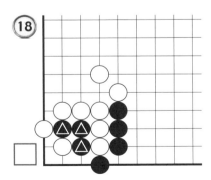

⑱

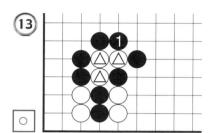

흑1로 두면 백△ 석점을 먼저 따먹을 수 있으므로 살릴 수 있습니다.

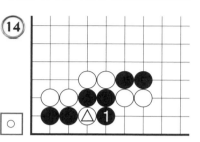

흑1로 나가면 백△ 한점을 단수칠 수 있으므로 살릴 수 있습니다.

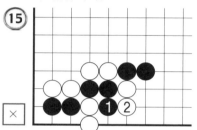

흑1로 달아나도 백2로 막히면 잡히게 되므로 흑을 살릴 수 없습니다.

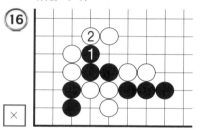

흑1로 달아나도 백2로 막히면 잡히게 되므로 흑을 살릴 수 없습니다.

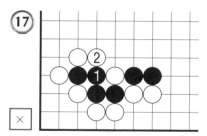

흑1로 달아나도 백2로 막히면 잡히게 되므로 흑을 살릴 수 없습니다.

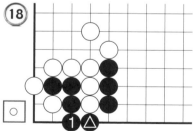

흑1로 나가면 흑♠ 한점과 연결할 수 있으므로 살릴 수 있습니다.

흑▲를 살릴 수 있으면 ○표, 살릴 수 없으면 ×표 하세요.

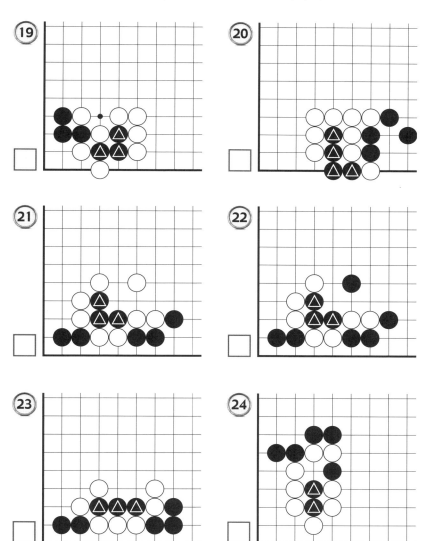

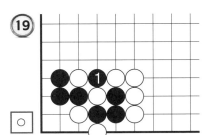

흑1로 두면 백 한점을 따낼 수 있으므로 흑을 살릴 수 있습니다.

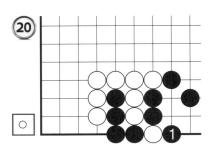

흑1로 두면 백 한점을 따낼 수 있으므로 흑을 살릴 수 있습니다.

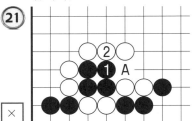

흑1은 백2로 막히면 잡히게 됩니다. 이후 흑은 A에 달아나 봐야 손해만 커질 뿐입니다.

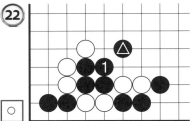

흑1로 두면 흑▲ 한점과 연결되므로 흑을 살릴 수 있습니다.

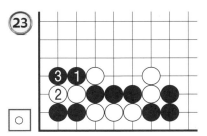

흑1 · 3으로 단수치면 백을 잡을 수 있으므로 흑을 살릴 수 있습니다.

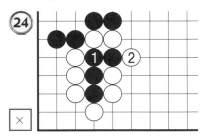

흑1로 달아나도 백2로 막히면 잡히게 되므로 흑을 살릴 수 없습니다.

제17장 끊을 수 있을까 없을까?

돌을 끊을 수만 있다면 분리시켜 공격할 수 있으므로 매우 좋은 공격법이 됩니다. 그러나 끊을 수 없는 곳을 끊었다가 는 도리어 큰 손해를 보게 됩니다. 이 장을 통해서는 어떤 경 우에 상대방 돌을 끊을 수 있는지에 대해서 공부합니다.

장면도

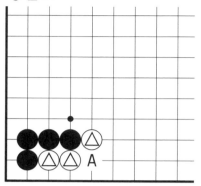

백△ 석점을 분리시켜 공격하려고 합니다. 백을 분리시켜 공격하려면 A의 곳을 절단해야 하는데 흑은 과연 끊을 수 있을까요?

1도(흑, 죽음 1)

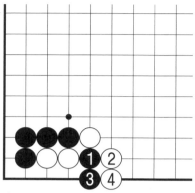

흑1로 끊으면 백2의 단수가 기다리고 있습니다. 흑3으로 달아나도 흑은 벼랑끝에 몰려 잡힙니다.

2도(끊음수의 성립여부)

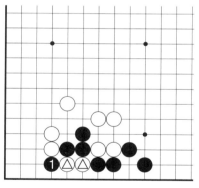

백△ 두점을 공격하기 위해 흑1로 끊었는데 이 수는 성립하는 수일까요?

3도(흑, 죽음 2)

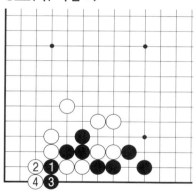

흑1로 끊어도 백2로 단수치면 흑은 살 수 없습니다. 흑3으로 1선으로 달아나 봐도 벼랑끝이라 손해만 커질 뿐입니다. 결국 2선은 끊을 수 없다는 결론입니다.

예제 1

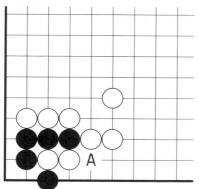

흑이 백 두점을 공격하려면 A의 곳에 끊어야 합니다. 지금과 같은 상황에서도 흑이 A에 끊을 수 없을까요?

1도(끊을 수 있다)

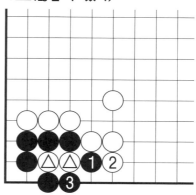

흑1로 끊어서 백△ 두점을 잡을 수 있는 경우라면 흑1로 두는 수가 성립합니다. 백2로 단수쳐도 흑3이면 백을 먼저 잡을 수 있기 때문입니다.

2도(또 다른 경우)

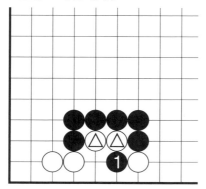

단수가 된다고 해서 2선에 끊는 것이 항상 성립하는 것은 아닙니다. 흑1로 끊는 순간 백△ 두점이 단수가 되었지만 흑1은 성립하지 않는 수입니다.

3도(흑, 죽음)

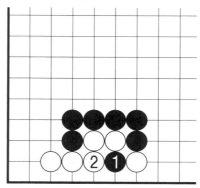

흑1로 끊어도 백이 2로 연결하면서 단수치면 끊어 둔 흑 한점이 먼저 잡히게 됩니다.

예제 2

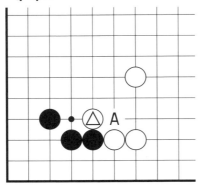

2선에서 끊는 것이 성립하느냐 성립하지 않느냐에 대해서 알아보았습니다. 이번에는 중앙에서 끊는 수에 대해 살펴봅니다. 흑은 백△ 한점을 공격하기 위해 A에 끊고 싶은데 성립하는 수일까요?

1도(축으로 잡힘)

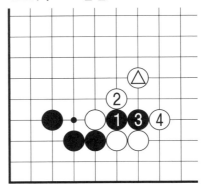

흑1로 끊으면 백은 2로 단수칩니다. 백△ 한점이 응원군이 되어 흑3, 백4까지 흑 두점이 축으로 잡혀 버립니다. 결국 흑1은 성립하지 않는 수입니다.

2도(흑, 죽음)

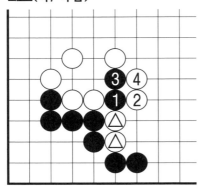

지금과 같은 장면에서도 백△ 두점을 공격하기 위해 흑1로 끊는 수는 성립하지 않습니다. 백이 2·4로 단수치면 흑이 먼저 축으로 잡히기 때문입니다.

3도(가능한 끊음)

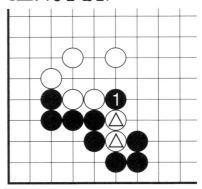

흑1로 끊는 순간 백△ 두점이 단수가 되는 경우라면 흑1로 끊는 수가 성립합니다.

흑1로 끊는 수가 성립하면 ○표, 성립하지 않으면 ×표 하세요.

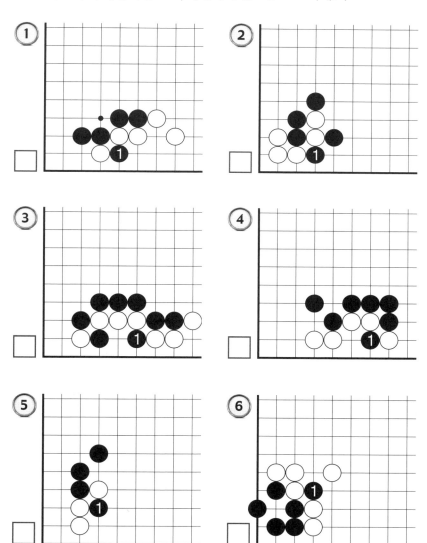

연습문제 1~6 정답

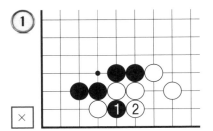

흑1로 끊는 것은 백2로 단수 치면 먼저 잡히게 되므로 성립하지 않습니다.

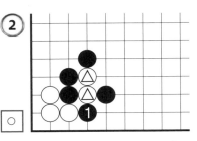

흑1은 백△를 단수치고 있으 므로 성립하는 수입니다.

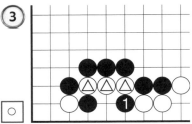

흑1은 백△를 단수치고 있으 므로 성립하는 수입니다.

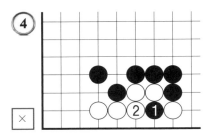

흑1로 끊는 것은 백2로 단수 치면 먼저 잡히게 되므로 성 립하지 않습니다.

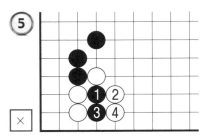

흑1로 끊는 것은 백2로 단수 치면 먼저 잡히게 되므로 성 립하지 않습니다.

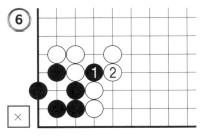

흑1로 끊는 것은 백2로 단수 치면 먼저 잡히게 되므로 성 립하지 않습니다.

연습문제 7~12

흑1로 끊는 수가 성립하면 ○표, 성립하지 않으면 ×표 하세요.

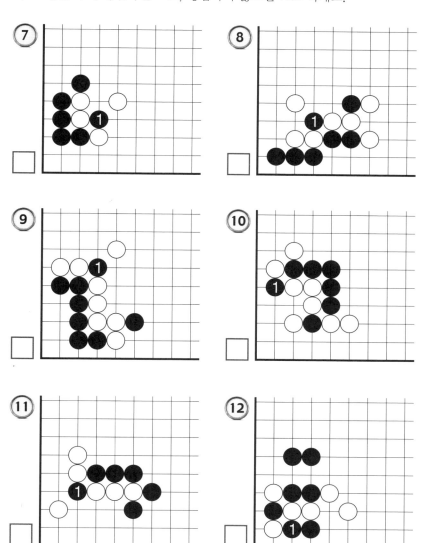

⑦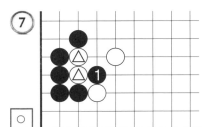

○

흑1은 백△ 두점을 단수치고 있으므로 성립하는 수입니다.

⑧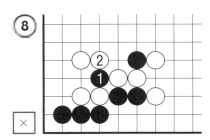

✕

흑1로 끊는 것은 백2로 단수치면 먼저 잡히게 되므로 성립하지 않습니다.

⑨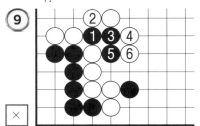

✕

흑1로 끊는 것은 백2로 단수치면 백6까지 먼저 잡히게 되므로 성립하지 않습니다.

⑩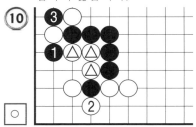

○

흑1은 백△ 석점을 단수치고 있으므로 성립합니다. 백2 때 흑3이면 백 한점을 잡을 수 있습니다.

⑪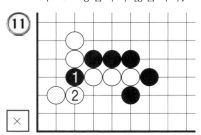

✕

흑1로 끊는 것은 백2로 단수치면 먼저 잡히게 되므로 성립하지 않습니다.

⑫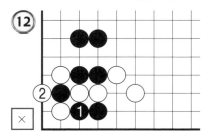

✕

흑1로 끊는 것은 백2로 따내면 먼저 잡히게 되므로 성립하지 않습니다.

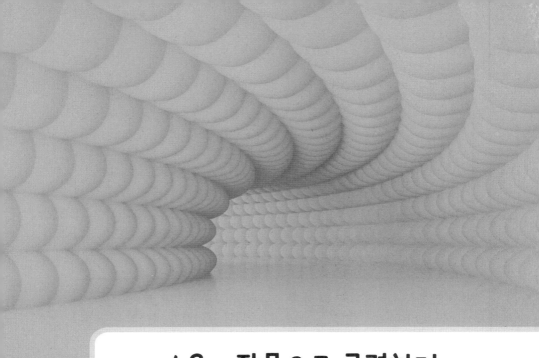

제18장 장문으로 공격하기

상대방 돌을 공격할 때 꼭 단수를 만들어야 하는 것은 아닙니다. 상대가 활로를 넓히지 못하도록 멀찍이서 포위망을 구축해도 손쉽게 포획할 수 있습니다. 이 장을 통해서는 장문이라는 공격기술을 이용해서 돌을 잡는 방법을 공부하겠습니다.

장면도

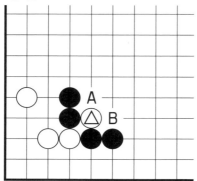

백△ 한점을 공격하고자 할 때 A 나 B에 단수치는 수가 제일 먼저 떠오릅니다. 그러나 흑은 단수를 치지 않고도 백을 잡을 수 있는 방법이 있습니다.

1도(장문)

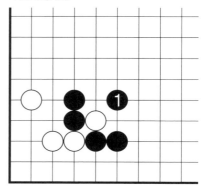

흑1로 씌우면 백은 달아날 수가 없습니다. 흑1처럼 상대방이 달아나지 못하도록 널찍이서 씌우는 수를 가리켜 장문이라고 부릅니다.

2도(달아날 수 없는 백)

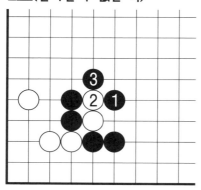

흑1로 씌웠을 때 백2로 달아나려고 해도 흑3으로 막으면 백은 더 이상 달아날 구멍이 보이지 않습니다.

3도(백, 죽음)

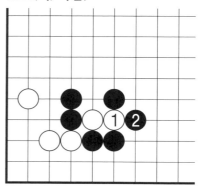

백1로 달아나려고 해도 흑2로 막으면 역시 살아 나갈 구멍이 없습니다.

익힘문제 1

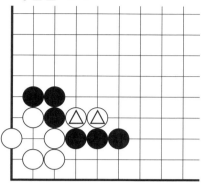

백△ 두점을 장문으로 공격하려고
합니다. 흑은 어느 곳으로 씌워야
백을 잡을 수 있을까요?

1도(정답)

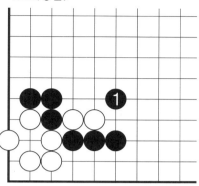

흑1로 씌우면 백은 활로를 넓히지
못하고 죽게 됩니다.

2도(백, 죽음)

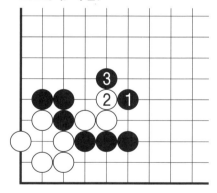

흑1로 씌웠을 때 백2로 달아나려
고 해도 흑3으로 앞길을 가로막으
면 더 이상 달아날 길이 보이지 않
습니다.

3도(응용형)

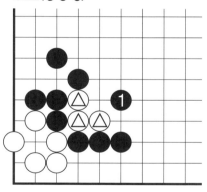

백△ 석점을 공격한다면 흑1로 씌
우는 수가 좋습니다. 백△ 석점은
장문이 되어 달아날 수 없습니다.

익힘문제 2

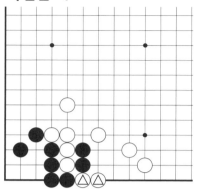

흑은 백△ 두점을 공격하려고 합니다. 어느 곳에 두어야 백을 잡을 수 있을까요?

1도(정답)

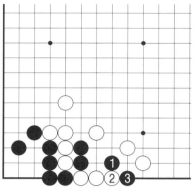

흑1로 씌우면 백 두점이 장문이 됩니다. 백2로 달아나도 흑3으로 단수치면 백은 더 이상 달아날 구멍이 보이지 않습니다.

2도(실패 1)

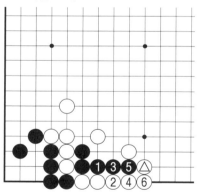

흑1·3으로 단수쳐서 공격하면 실패로 돌아갑니다. 백6까지 백은 백△ 한점과 연결할 수 있으므로 손쉽게 살아갑니다. 이제 흑 다섯점이 백의 장문으로 갇힌 꼴이 되었습니다.

3도(실패 2)

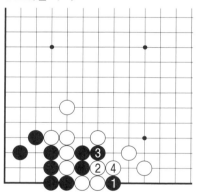

흑1로 단수쳐도 백2로 달아나면 실패로 돌아갑니다. 흑3으로 단수쳐서 공격을 시도해도 백4로 연결하면 더 이상 공격이 불가능합니다.

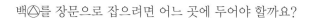

연습문제 1~6

백⬠를 장문으로 잡으려면 어느 곳에 두어야 할까요?

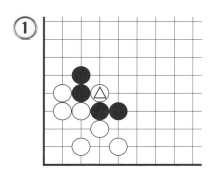

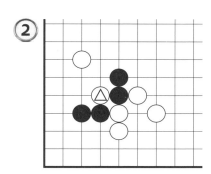

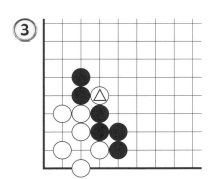

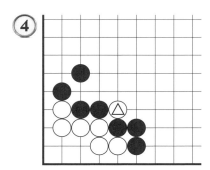

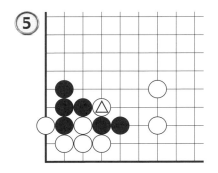

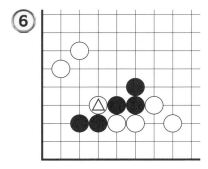

연습문제 1~6 정답

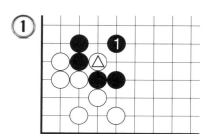

① 흑1로 씌우면 백△를 장문으로 잡을 수 있습니다.

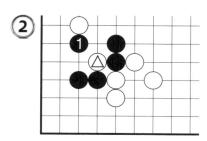

② 흑1로 씌우면 백△를 장문으로 잡을 수 있습니다.

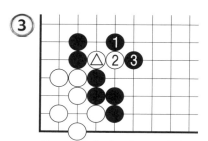

③ 흑1로 씌우면 백2로 달아나도 흑3까지 백△를 장문으로 잡을 수 있습니다.

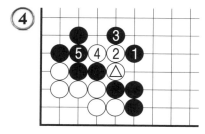

④ 흑1로 씌우면 백2로 달아나도 흑5까지 백△를 장문으로 잡을 수 있습니다.

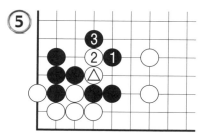

⑤ 흑1로 씌우면 백2로 달아나도 흑3까지 백△를 장문으로 잡을 수 있습니다.

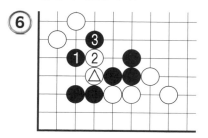

⑥ 흑1로 씌우면 백2로 달아나도 흑3까지 백△를 장문으로 잡을 수 있습니다.

백△를 장문으로 잡으려면 어느 곳에 두어야 할까요?

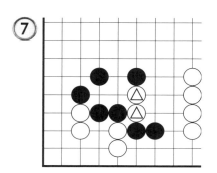

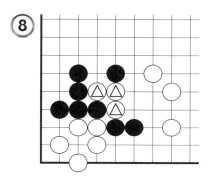

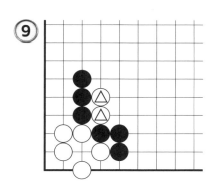

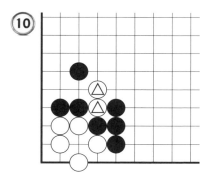

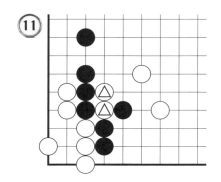

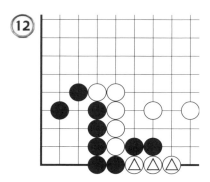

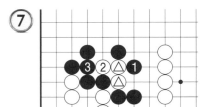

흑1로 씌우면 백2로 달아나도 흑3까지 백△를 장문으로 잡을 수 있습니다.

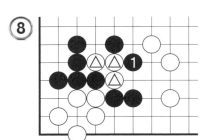

흑1로 씌우면 백△를 장문으로 잡을 수 있습니다.

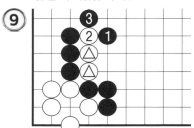

흑1로 씌우면 백2로 달아나도 흑3까지 백△를 장문으로 잡을 수 있습니다.

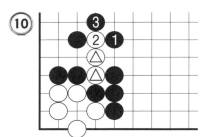

흑1로 씌우면 백2로 달아나도 흑3까지 백△를 장문으로 잡을 수 있습니다.

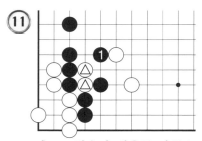

흑1로 씌우면 백△를 장문으로 잡을 수 있습니다.

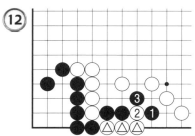

흑1로 씌우면 백2로 달아나도 흑3까지 백△를 장문으로 잡을 수 있습니다.

연습문제 13~18

백△를 장문으로 잡으려면 어느 곳에 두어야 할까요?

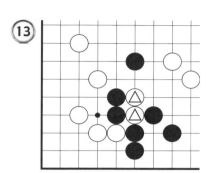

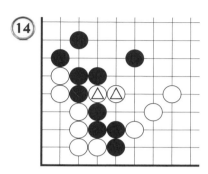

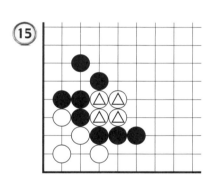

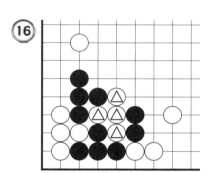

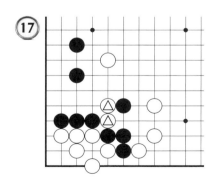

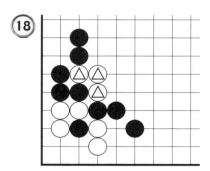

제18장 장문으로 공격하기 :: **237**

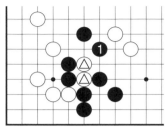

흑1로 씌우면 백△를 장문으로 잡을 수 있습니다.

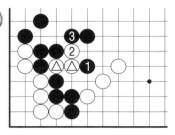

흑1로 씌우면 백2로 달아나도 흑3까지 백△를 장문으로 잡을 수 있습니다.

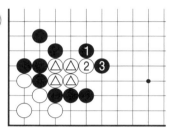

흑1로 씌우면 백2로 달아나도 흑3까지 백△를 장문으로 잡을 수 있습니다.

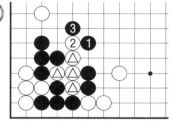

흑1로 씌우면 백2로 달아나도 흑3까지 백△를 장문으로 잡을 수 있습니다.

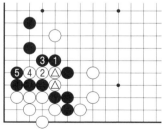

흑1로 씌우면 백2·4로 달아나도 흑3·5까지 백△를 장문으로 잡을 수 있습니다.

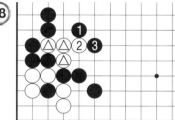

흑1로 씌우면 백2로 달아나도 흑3까지 백△를 장문으로 잡을 수 있습니다.

백△를 장문으로 잡으려면 어느 곳에 두어야 할까요?

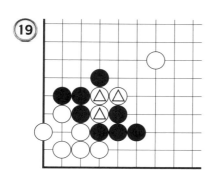

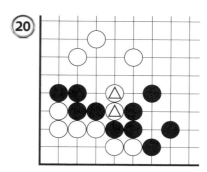

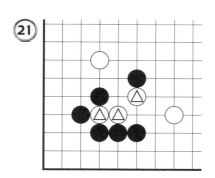

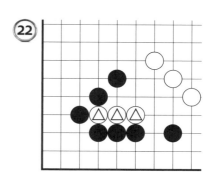

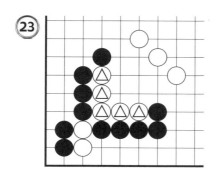

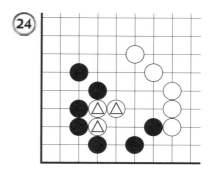

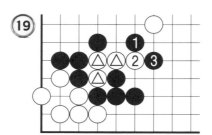

흑1로 씌우면 백2로 달아나
도 흑3까지 백△를 장문으로
잡을 수 있습니다.

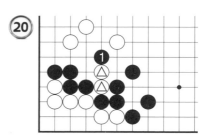

흑1로 씌우면 백△를 장문으
로 잡을 수 있습니다.

흑1로 씌우면 백2로 달아나
도 흑3까지 백△를 장문으로
잡을 수 있습니다.

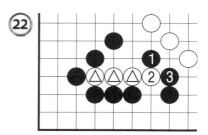

흑1로 씌우면 백2로 달아나
도 흑3까지 백△를 장문으로
잡을 수 있습니다.

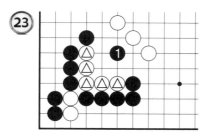

흑1로 씌우면 백△를 장문으
로 잡을 수 있습니다.

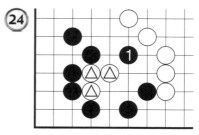

흑1로 씌우면 백△를 장문으
로 잡을 수 있습니다.

제19장 환격으로 공격하기

큰 고기를 낚기 위해서 적절한 낚싯밥이 필요하듯이 상대
방의 큰 돌을 잡기 위해서는 적절하게 죽일 줄도 알아야 합
니다. 이 장을 통해서는 자신의 돌을 잡혀 주고서 더 큰 상
대방 돌을 잡는 기술인 환격에 대해서 공부하겠습니다.

장면도

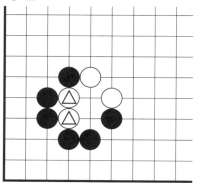

흑은 백△ 두점을 공격하고자 합니다. 어떤 방법을 동원해야 백△ 두점을 잡을 수 있을까요?

1도 (자살 공격)

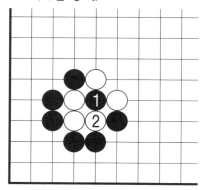

흑은 뻔히 죽는 줄 알면서 흑1로 집어넣는 것이 좋은 수입니다. 백이 2로 두면 흑 한점이 잡히지만 흑에겐 2도와 같은 수가 준비되어 있습니다.

2도 (석점 따내기)

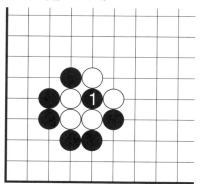

1도에서 백이 흑 한점을 따낸 이후의 형태입니다. 흑은 1로 두어 백 석점을 따낼 수 있습니다. 결국 흑은 한점을 죽이고서 백 석점을 따낼 수 있습니다.

3도 (실패)

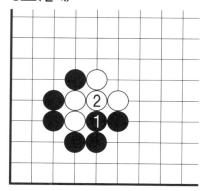

흑이 과감하게 죽이지 않고 1로 단수치면 백은 2로 연결할 것입니다. 백은 모두가 연결된 형태이기 때문에 잘 잡히지 않습니다.

익힘문제 1

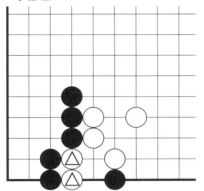

흑은 백△ 두점을 잡아먹고 싶습니다. 흑이 어떤 공격법을 동원하면 백△ 두점을 잡을 수 있을까요?

1도(정답)

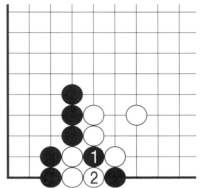

흑1로 집어넣어야 합니다. 백이 2로 두면 흑 한점이 잡히지만 흑에겐 2도와 같은 수가 준비되어 있습니다.

2도(석점 따내기)

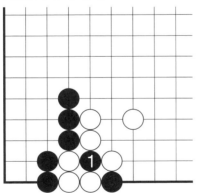

흑은 한점이 잡혔지만 1로 두면 백 석점을 따낼 수 있습니다.

3도(실패)

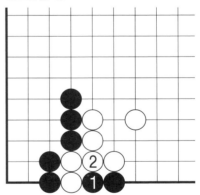

흑1로 단수치면 백은 2로 연결할 것입니다. 흑 두점은 단수가 되어 도리어 흑에게 잡히고 말았습니다.

익힘문제 2

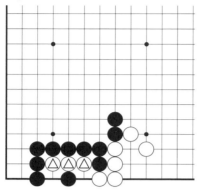

흑은 백△ 석점을 환격으로 유도해서 공격하고 싶습니다. 어떤 방법을 동원해야 백을 환격으로 잡을 수 있을까요?

1도(정답)

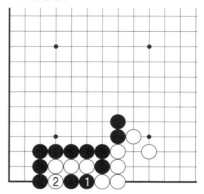

흑1로 집어넣어야 합니다. 백이 2로 두면 흑 두점이 잡히지만 흑에겐 2도와 같은 후속수단이 준비되어 있습니다.

2도(석점 따내기)

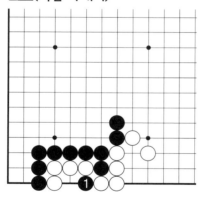

1도 이후 백이 두점을 따낸 형태에서 흑은 1로 집어넣어서 환격을 만들 수 있습니다.

3도(실패)

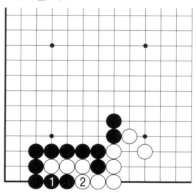

흑1로 단수치면 백은 2로 연결해서 살아갑니다.

백△를 환격으로 잡으려면 어떻게 두어야 할까요?

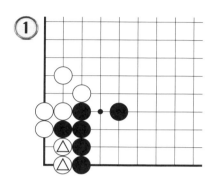

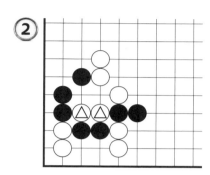

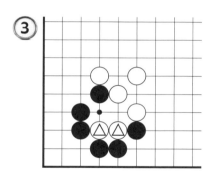

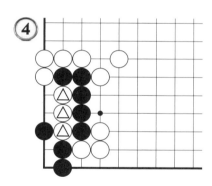

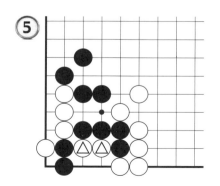

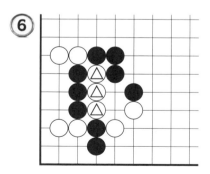

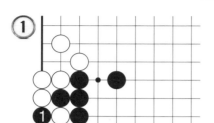

흑1로 두면 백2로 따내도 흑 3으로 되따낼 수 있습니다. (흑3…흑1)

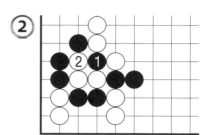

흑1로 두면 백2로 따내도 흑 3으로 되따낼 수 있습니다. (흑3…흑1)

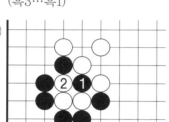

흑1로 두면 백2로 따내도 흑 3으로 되따낼 수 있습니다. (흑3…흑1)

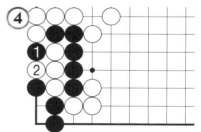

흑1로 두면 백2로 따내도 흑 3으로 되따낼 수 있습니다. (흑3…흑1)

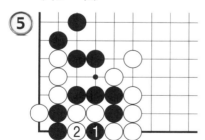

흑1로 두면 백2로 따내도 흑 3으로 되따낼 수 있습니다. (흑3…흑1)

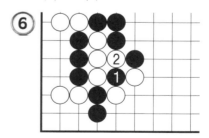

흑1로 두면 백2로 따내도 흑 3으로 되따낼 수 있습니다. (흑3…흑1)

백△를 환격으로 잡으려면 어떻게 두어야 할까요?

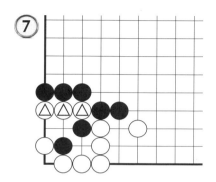

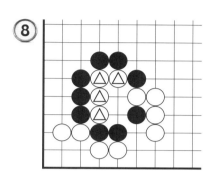

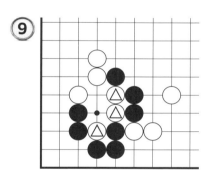

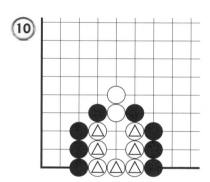

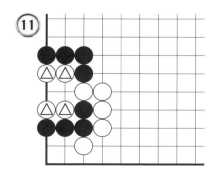

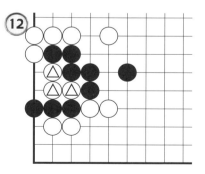

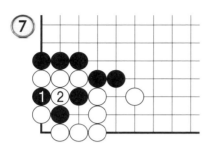

흑1로 두면 백2로 따내도 흑
3으로 되따낼 수 있습니다.
(흑3…흑1)

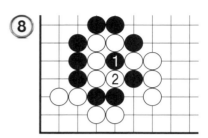

흑1로 두면 백2로 따내도 흑
3으로 되따낼 수 있습니다.
(흑3…흑1)

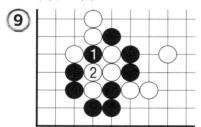

흑1로 두면 백2로 따내도 흑
3으로 되따낼 수 있습니다.
(흑3…흑1)

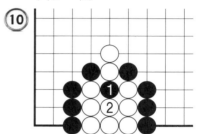

흑1로 두면 백2로 따내도 흑
3으로 되따낼 수 있습니다.
(흑3…흑1)

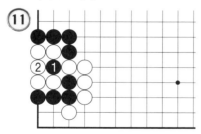

흑1로 두면 백2로 따내도 흑
3으로 되따낼 수 있습니다.
(흑3…흑1)

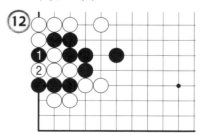

흑1로 두면 백2로 따내도 흑
3으로 되따낼 수 있습니다.
(흑3…흑1)

백△를 환격으로 잡으려면 어떻게 두어야 할까요?

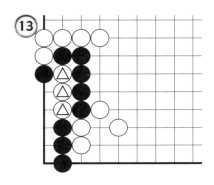

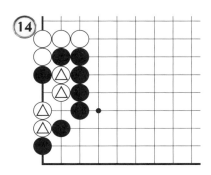

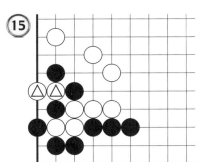

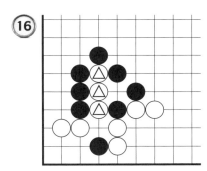

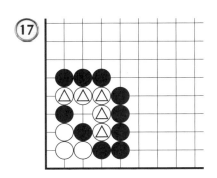

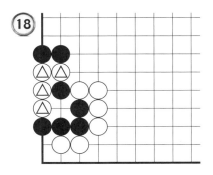

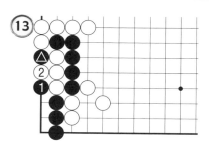

흑1로 두면 백2로 따내도 흑
3으로 되따낼 수 있습니다.
(흑3…흑▲)

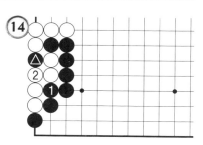

흑1로 두면 백2로 따내도 흑
3으로 되따낼 수 있습니다.
(흑3…흑▲)

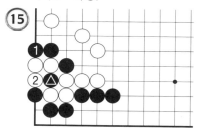

흑1로 두면 백2로 따내도 흑
3으로 되따낼 수 있습니다.
(흑3…흑▲)

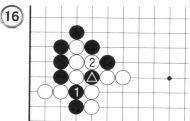

흑1로 두면 백2로 따내도 흑
3으로 되따낼 수 있습니다.
(흑3…흑▲)

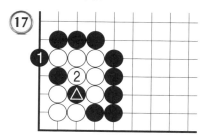

흑1로 두면 백2로 따내도 흑
3으로 되따낼 수 있습니다.
(흑3…흑▲)

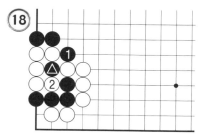

흑1로 두면 백2로 따내도 흑
3으로 되따낼 수 있습니다.
(흑3…흑▲)

백△를 환격으로 잡으려면 어떻게 두어야 할까요?

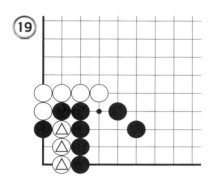

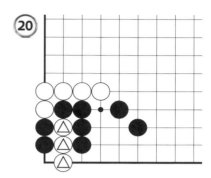

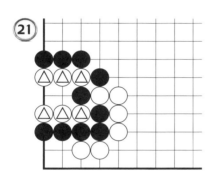

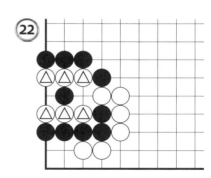

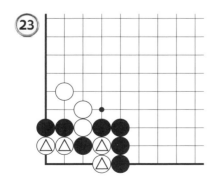

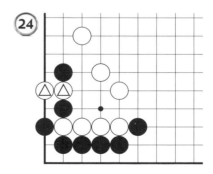

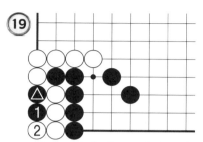

흑1로 두면 백2로 따내도 흑
3으로 되따낼 수 있습니다.
(흑3…흑▲)

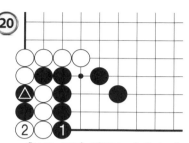

흑1로 두면 백2로 따내도 흑
3으로 되따낼 수 있습니다.
(흑3…흑▲)

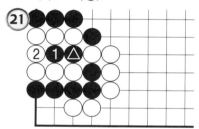

흑1로 두면 백2로 따내도 흑
3으로 되따낼 수 있습니다.
(흑3…흑▲)

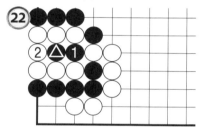

흑1로 두면 백2로 따내도 흑
3으로 되따낼 수 있습니다.
(흑3…흑▲)

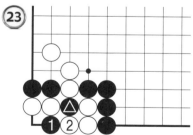

흑1로 두면 백2로 따내도 흑
3으로 되따낼 수 있습니다.
(흑3…흑▲)

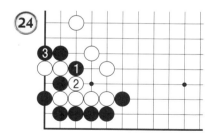

흑1로 두면 백이 2로 단수쳐
도 흑3으로 공격해서 환격을
만들 수 있습니다.

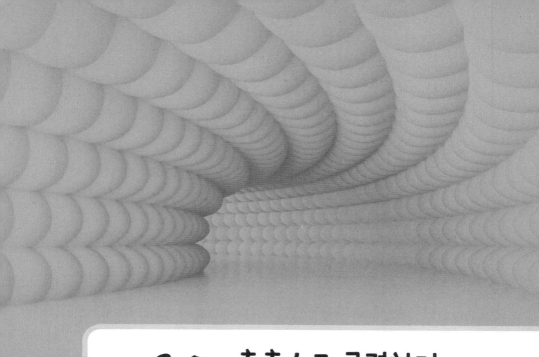

제 **20** 장 촉촉수로 공격하기

촉촉수란 상대방 돌을 계속적인 단수를 만들어 잡아먹는
기술을 말합니다. 촉촉수는 연단수 또는 몰아떨구기라고
도 부르는데 이 장을 통해서 공부해 보겠습니다.

장면도

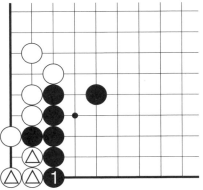

흑이 백△ 석점을 잡기 위해 1로 단수쳤습니다. 백은 단수된 곳을 이을 수 있을까요?

1도(백, 죽음 1)

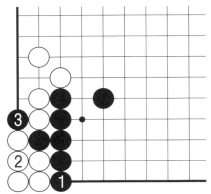

흑1로 단수쳤을 때 백은 2로 이어 봐야 소용이 없습니다. 백2로 이 어도 여전히 단수가 되기 때문에 흑3이면 더 크게 잡히기 때문입니다. 이처럼 단수된 곳을 이어도 또 단수가 되는 형태를 가리켜 촉촉 수라고 부릅니다.

2도(이음수의 성립여부)

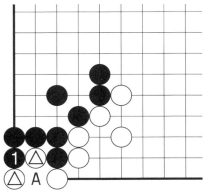

흑1로 백△ 두점을 단수쳤습니다. 백은 A의 곳을 연결할 수 있을까 요?

3도(백, 죽음 2)

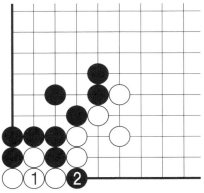

백은 1로 이으면 안 됩니다. 백1로 이어도 여전히 단수가 되기 때문 에 흑은 2로 따낼 수 있습니다.

익힘문제 1

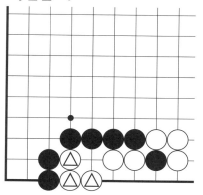

흑은 백△ 석점을 촉촉수로 만들어서 잡고 싶습니다. 어느 곳에 두어야 촉촉수를 만들 수 있을까요?

1도(정답)

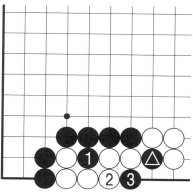

흑1로 단수치면 됩니다. 백이 2로 이어도 흑△ 한점이 있는 관계로 백 전체가 여전히 단수를 벗어날 수 없습니다. 흑은 기분 좋게 3으로 따낼 수 있습니다.

익힘문제 2

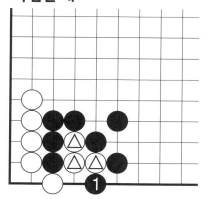

흑1로 백△ 석점을 단수쳤습니다. 백은 단수된 곳을 연결해서 백△ 석점을 살릴 수 있을까요?

1도(연결할 수 없다)

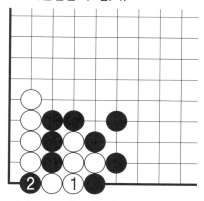

백은 1로 연결할 수 없습니다. 백 1로 연결해도 여전히 단수 상태이기 때문에 흑2면 모두 잡혀 버립니다.

익힘문제 3

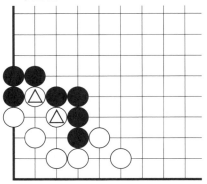

흑은 백△ 두점을 촉촉수로 만들어서 잡고 싶은데 어느 곳에 두어야 할까요?

1도(백, 죽음)

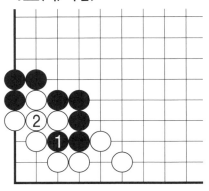

흑1로 단수치는 것이 정답입니다. 백은 2로 연결하면 산 것처럼 보이지만 흑에게 3도와 같은 수가 준비되어 있습니다.

2도(1도의 계속)

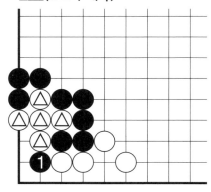

1도 이후 흑에겐 1로 끊어 백△ 다섯점을 단수치는 수가 준비되어 있습니다. 백 전체는 촉촉수가 되었습니다.

3도(실패)

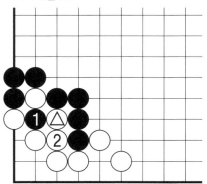

흑1로 따내는 것은 백이 2로 이으면 백△ 한점을 살려 주게 되므로 흑의 실패입니다.

흑은 백△를 촉촉수로 잡고 싶은데 어느 곳에 두어야 할까요?

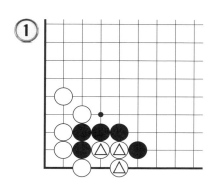

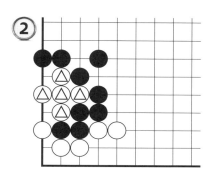

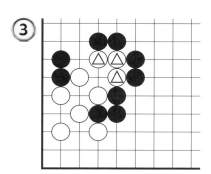

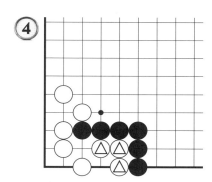

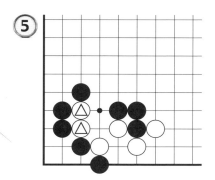

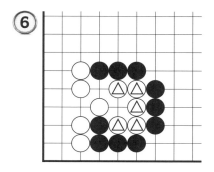

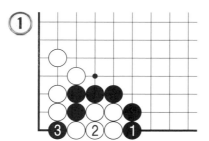

흑1·3으로 공격하면 백을
촉촉수로 잡을 수 있습니다.

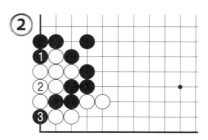

흑1·3으로 공격하면 백을
촉촉수로 잡을 수 있습니다.

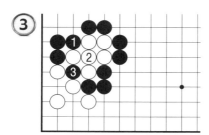

흑1·3으로 공격하면 백을
촉촉수로 잡을 수 있습니다.

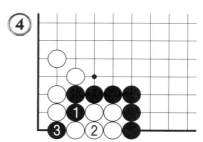

흑1·3으로 공격하면 백을
촉촉수로 잡을 수 있습니다.

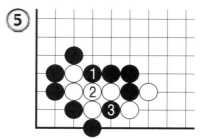

흑1·3으로 공격하면 백을
촉촉수로 잡을 수 있습니다.

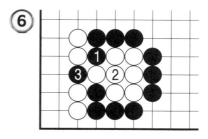

흑1·3으로 공격하면 백을
촉촉수로 잡을 수 있습니다.

흑은 백△를 촉촉수로 잡고 싶은데 어느 곳에 두어야 할까요?

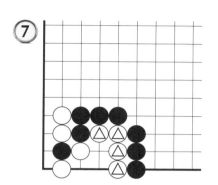

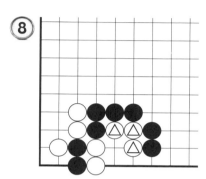

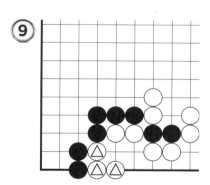

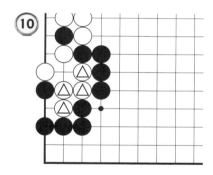

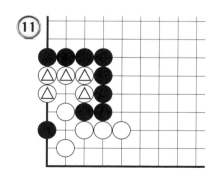

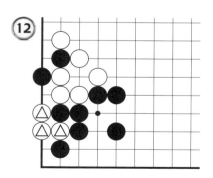

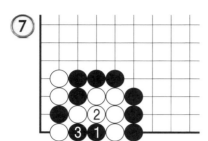

⑦ 흑1·3으로 공격하면 백을 촉촉수로 잡을 수 있습니다.

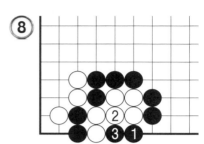

⑧ 흑1·3으로 공격하면 백을 촉촉수로 잡을 수 있습니다.

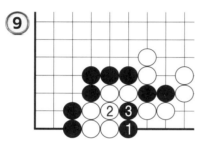

⑨ 흑1·3으로 공격하면 백을 촉촉수로 잡을 수 있습니다.

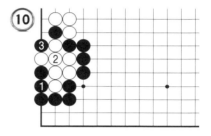

⑩ 흑1·3으로 공격하면 백을 촉촉수로 잡을 수 있습니다.

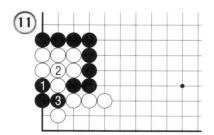

⑪ 흑1·3으로 공격하면 백을 촉촉수로 잡을 수 있습니다.

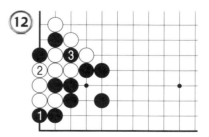

⑫ 흑1·3으로 공격하면 백을 촉촉수로 잡을 수 있습니다.

흑은 백△를 촉촉수로 잡고 싶은데 어느 곳에 두어야 할까요?

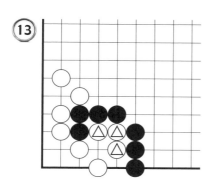

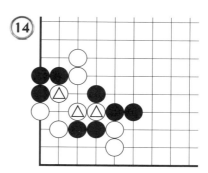

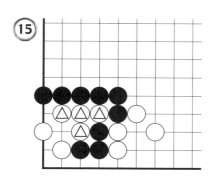

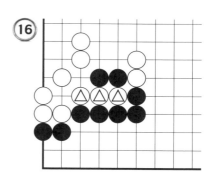

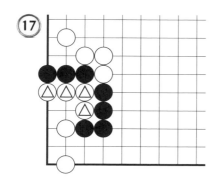

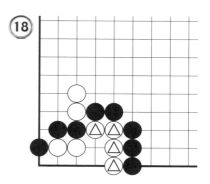

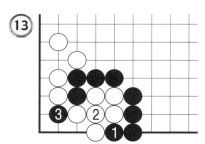

흑1·3으로 공격하면 백을 촉촉수로 잡을 수 있습니다.

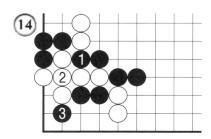

흑1·3으로 공격하면 백을 촉촉수로 잡을 수 있습니다.

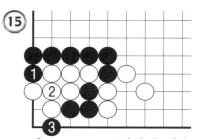

흑1·3으로 공격하면 백을 촉촉수로 잡을 수 있습니다.

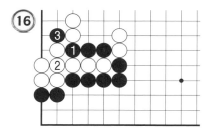

흑1·3으로 공격하면 백을 촉촉수로 잡을 수 있습니다.

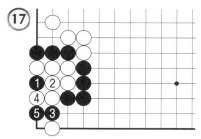

흑1·3으로 공격하면 백을 촉촉수로 잡을 수 있습니다.

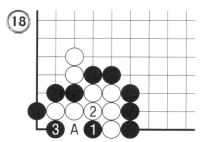

흑1·3으로 공격하면 백을 촉촉수로 잡을 수 있습니다. 백은 A로 따내 봐야 살 수 없습니다.

연습문제 19~24

흑은 백△를 축축수로 잡고 싶은데 어느 곳에 두어야 할까요?

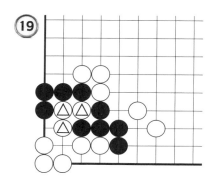

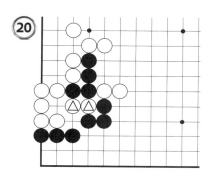

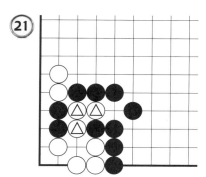

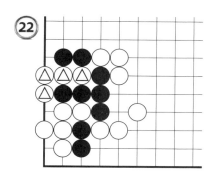

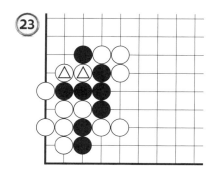

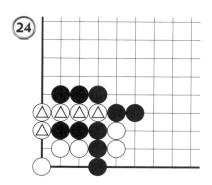

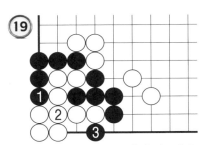

흑1·3으로 공격하면 백을
촉촉수로 잡을 수 있습니다.

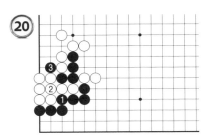

흑1·3으로 공격하면 백을
촉촉수로 잡을 수 있습니다.

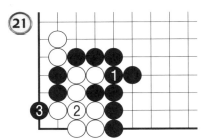

흑1·3으로 공격하면 백을
촉촉수로 잡을 수 있습니다.

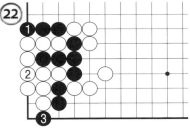

흑1·3으로 공격하면 백을
촉촉수로 잡을 수 있습니다.

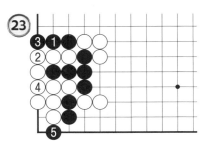

흑1에서 흑5까지 공격하면
백을 촉촉수로 잡을 수 있습
니다.

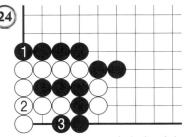

흑1·3으로 공격하면 백을
촉촉수로 잡을 수 있습니다.

제21장 포위된 돌의 삶과 죽음

모두가 연결된 전체의 돌은 쉽게 잡히지 않습니다. 그러나 전체의 돌이 상대방에게 포위당하면 매우 위험한 상황이 됩니다. 이 장을 통해서는 상대방에게 포위당했을 때 사는 요령과 상대방 돌을 포위했을 때 공격하는 요령을 공부하겠습니다.

장면도 1

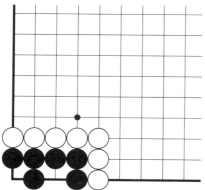

흑 전체가 백에게 포위당한 모습입니다. 이 흑돌은 살 수 있을까요 없을까요?

1도(나누어진 두집)

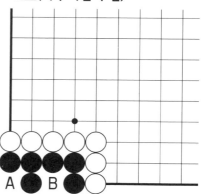

흑은 A와 B에 나누어진 두집을 마련하고 있습니다. 상대방에게 포위당하더라도 이처럼 나누어진 두집을 갖고 있다면 절대 잡힐 염려가 없습니다.

2도(죽는 형태 1)

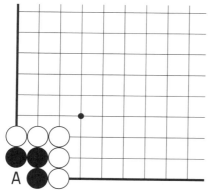

백에게 포위당한 흑돌은 A의 곳한 개밖에 집이 없습니다. 이런 돌은 백이 A에 두면 잡혀 버리므로 살 수 없습니다.

3도(죽는 형태 2)

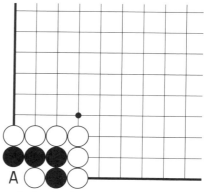

흑이 백 한점을 따낼 수 있는 이 형태도 살 수 없습니다. 흑이 A의 곳에 두어 백을 따내더라도 한집밖에 갖고 있지 않기 때문입니다.

장면도 2

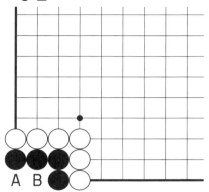

백에게 둘러싸인 흑은 A와 B에 두 개의 집을 갖고 있습니다. 이 흑돌 은 과연 살 수 있을까요?

1도(백의 공격)

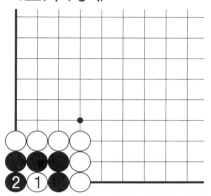

흑은 나누어진 두집이 아니라 연결 된 두집이기 때문에 살 수 없습니 다. 백은 흑을 잡기 위해 1로 단수칠 수 있습니다. 흑이 2로 따내면 흑 전체는 한집밖에 없는 모습입니다.

2도(흑, 죽음)

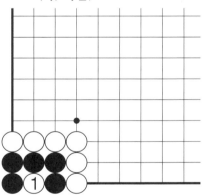

흑이 한집밖에 없으므로 백은 1로 두어 흑 전체를 잡을 수 있습니다.

3도(흑, 손뺌)

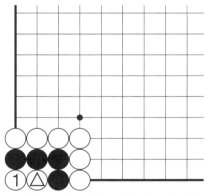

백△로 단수쳤을 때 흑은 백 한점 을 따내 봐야 살 수 없으므로 손을 빼는 것이 현명한 선택입니다. 백 도 굳이 1로 두어 흑 넉점을 따낼 필요가 없습니다.

장면도 3

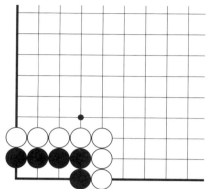

백에게 둘러싸인 흑이 연결된 세 개의 집을 갖고 있습니다. 이런 경우 흑은 어떻게 두어야 할까요?

1도(손질이 필요한 흑)

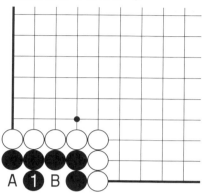

흑은 1로 두어 A와 B에 나누어진 두 집을 만드는 것이 중요합니다. 이제 이 흑이 잡힐 염려는 없습니다.

2도(백의 공격)

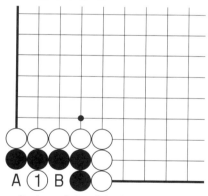

흑이 보강을 게을리하면 백1로 공격하는 수가 성립합니다. 이후 흑은 A와 B, 어느 곳에도 두어도 백에게 곧바로 따먹히므로 둘 수 없습니다.

3도(백은 공격 가능)

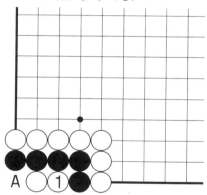

흑은 단수칠 수 없지만 백은 1 또는 A에 두어 단수칠 수 있습니다. 이후 흑은 백 두점을 따내 봐야 연결된 두집이기 때문에 살 수 없습니다.

흑에게 둘러싸인 백을 잡을 수 있으면 ○표, 잡을 수 없으면 ×표 하세요.

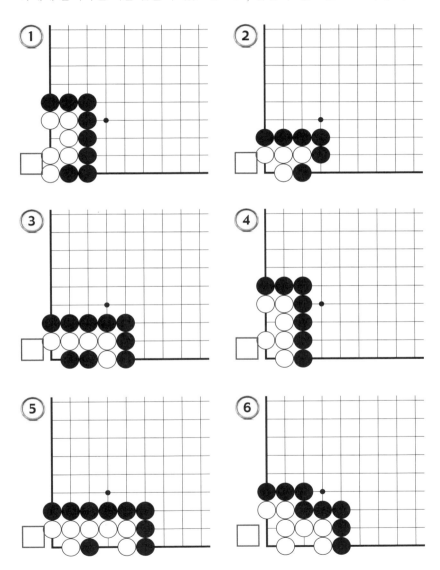

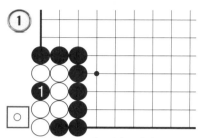

흑1로 두면 백을 잡을 수 있
습니다.

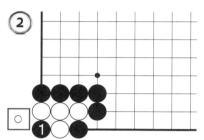

흑1로 두면 백을 잡을 수 있
습니다.

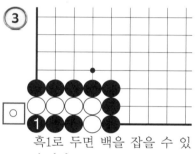

흑1로 두면 백을 잡을 수 있
습니다.

백이 A와 B에 나누어진 두집
을 갖고 있으므로 흑은 백을
잡을 수 없습니다.

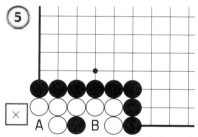

백이 A와 B에 나누어진 두집
을 갖고 있으므로 흑은 백을
잡을 수 없습니다.

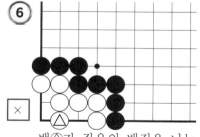

백△가 좌우의 백집을 나누
고 있으므로 흑은 백을 잡을
수 없습니다.

흑에게 둘러싸인 백을 잡을 수 있으면 ○표, 잡을 수 없으면 ×표 하세요.

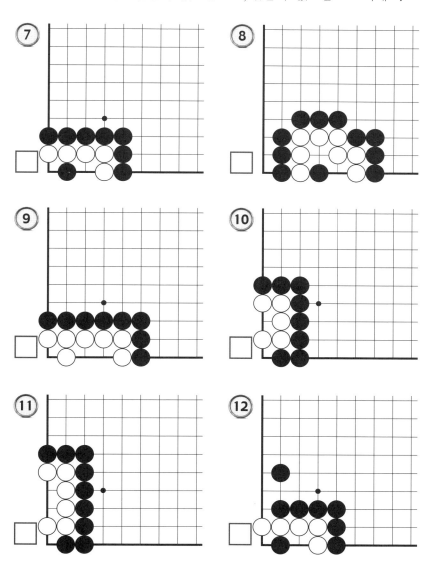

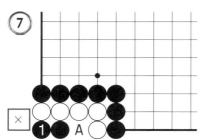

흑1로 두면 백A에 따내더라
도 연결된 두집의 형태가 되
므로 백을 잡을 수 있습니다.

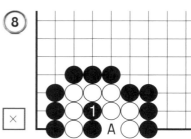

흑1로 두면 백A에 따내더라
도 연결된 두집의 형태가 되
므로 백을 잡을 수 있습니다.

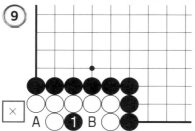

흑1로 둔 후 A와 B, 어느 쪽
으로도 단수칠 수 없으므로
백을 잡을 수 없습니다.

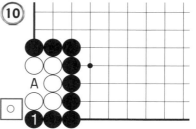

흑은 1로 두고 난 후 A에 둘
수 있으므로 백을 잡을 수 있
습니다.

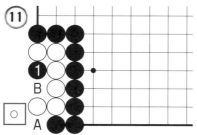

흑이 A에 둔 후 1 또는 B에
단수칠 수 있으므로 백을 잡
을 수 있습니다.

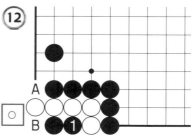

흑이 A에 둔 후 1 또는 B에
단수칠 수 있으므로 백을 잡
을 수 있습니다.

흑이 나누어진 두집을 만들면서 살기 위해서는 어느 곳에 두어야 할까요?

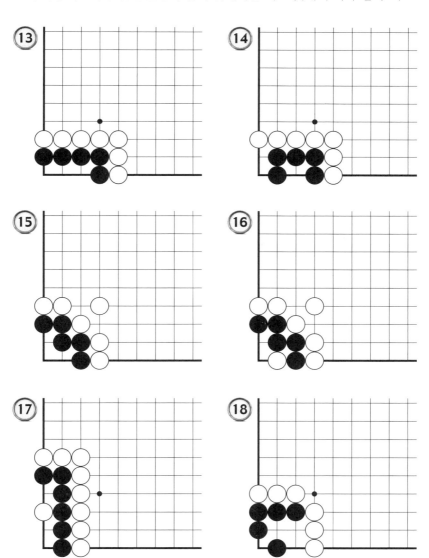

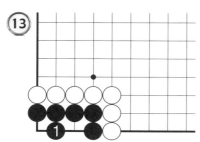

흑1로 두면 나누어진 두집을
만들며 살 수 있습니다.

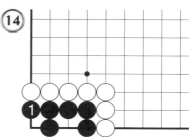

흑1로 두면 나누어진 두집을
만들며 살 수 있습니다.

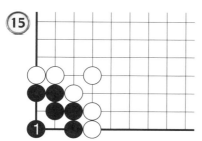

흑1로 두면 나누어진 두집을
만들며 살 수 있습니다.

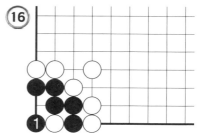

흑1로 두면 나누어진 두집을
만들며 살 수 있습니다.

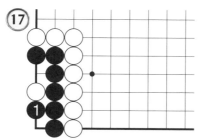

흑1로 두면 나누어진 두집을
만들며 살 수 있습니다.

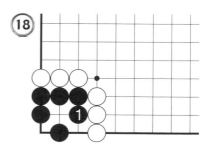

흑1로 두면 나누어진 두집을
만들며 살 수 있습니다.

백이 나누어진 두집을 만들지 못하도록 방해하려면 어느 곳에 두어야 할까요?

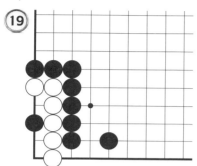

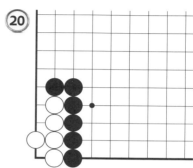

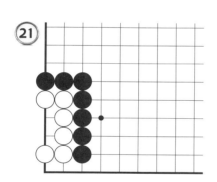

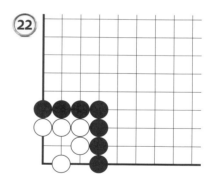

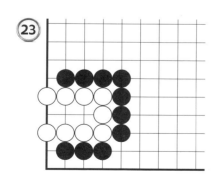

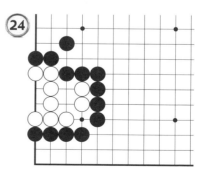

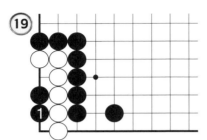

(19)

흑1로 두면 백이 나누어진
두집을 만들 수 없으므로 백
을 잡을 수 있습니다.

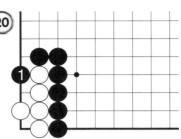

(20)

흑1로 두면 백이 나누어진
두집을 만들 수 없으므로 백
을 잡을 수 있습니다.

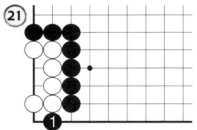

(21)

흑1로 두면 백이 나누어진
두집을 만들 수 없으므로 백
을 잡을 수 있습니다.

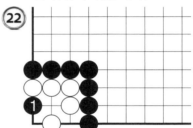

(22)

흑1로 두면 백이 나누어진
두집을 만들 수 없으므로 백
을 잡을 수 있습니다.

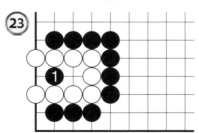

(23)

흑1로 두면 백은 나누어진
두집을 만들 수 없으므로 죽
게 됩니다.

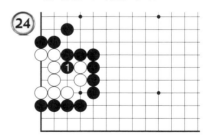

(24)

흑1로 두면 백은 나누어진
두집을 만들 수 없으므로 죽
게 됩니다.

이창호 바둑입문 1
- 왕초보 편 -

지은이 / 이창호 · 성기창
펴낸이 / 강희일 · 박은자
펴낸곳 / 다산출판사

1판 1쇄 발행 / 2015년 3월 20일
1판 10쇄 발행 / 2024년 1월 10일

등록일자 / 1979년 6월 5일
등록번호 / 제3-86호(윤)

주소 / 서울시 마포구 대흥로 6길 8 다산빌딩 402호
전화번호 / 717-3661~2
팩시밀리 / 716-9945
홈페이지 / http://www.dasanbooks.co.kr

정가 12,000원

ISBN 978-89-7110-480-4 04690
ISBN 978-89-7110-479-8(세트)

다산 바둑시리즈

조훈현, 이창호 등 당대 별중의 별들이 모여 집필한, 다산 바둑 시리즈!
21세기 신개념 바둑이론의 치밀한 해설과 구성, 저자들이 심도깊게 직접 기획·구성했습니다.

이창호 21세기 AI 바둑특강 시리즈

1 이창호 AI 신수신정석
AI를 통해 대유행하고 있는 신수와 신형을 집중 분석한 중·고급자들의 필수 지침서!

2 이창호 AI 신정석
예전에 유행했던 정석과 AI 신정석을 비교·분석해서 한눈에 알아볼 수 있도록 정리한 초·중급자들의 필수 지침서!

3 이창호 AI 포석
실리와 속도를 중시하는 AI의 패러다임에 맞춰 새롭게 유행하고 있는 포석을 집중적으로 분석해서 정리한 초·중급자들의 필수 지침서!

4 이창호 AI 행마
속도와 돌의 효율성을 중시하는 AI의 파격적인 행마법을 알기 쉽게 정리한 바둑 애호가들의 필수 지침서!

5 이창호 AI 중반
바둑의 승패를 좌우하는 공격과 수습, 그리고 전투 능력 등을 AI의 시각으로 집중적으로 정리!

6 이창호 AI 맥점
7 이창호 AI 함정수
8 AI 분석 타이틀 명국집(국내대회편)
9 AI 분석 타이틀 명국집(세계대회편)

이창호 타이틀 명국시리즈[우승결승대국]

- 〈제1권 43,000원〉, 〈제2권 35,000원〉 판매중
- 제3권~5권(출간 예정)
- 소장본 양장 초호화판(한정부수 제작)

조훈현 바둑입문 1, 2

조훈현의 21세기 신감각 바둑특강 시리즈

1 대세를 장악하는 공격전술
2 체포될 걱정없는 침입전술
3 조훈현 21세기 新정석학 특강 1, 2
4 조훈현 21세기 新행마법 특강 1, 2, 3

문용직 수법의 발견 시리즈(문고판 10권)

권오민의 신기묘수 1, 2

21세기 AI 분석 명국 바둑특강

1 AI 분석 명국의 세계(2023 국내대회편)
신진서, 박정환, 최정 등 국내 초절정 고수들이 선보인 주옥같은 실전 대국을 AI를 통해 집중적으로 분석한 2023 국내대회 명국집
2 AI 분석 명국의 세계(2023 세계대회편)
신진서, 구쯔하오, 이야마 유타 등 한중일 삼국의 초절정 고수들이 선보인 주옥같은 실전 대국을 AI를 통해 집중적으로 분석한 2023 세계대회 명국집

이창호의 21세기 바둑특강 시리즈

1 포석 10배 쉽게 배우기   **6** 함정수 10배 쉽게 배우기
2 정석 10배 쉽게 배우기   **7** 도전! 초·중급사활
3 행마 10배 쉽게 배우기   **8** 도전! 묘수풀이
4 중반 10배 쉽게 배우기   **9** 도전! 초·중급맥
5 끝내기 10배 쉽게 배우기   **10** 도전! 절묘한 맥

이창호 이창호 바둑입문

1 왕초보   **2** 기초완성   **3** 한수 위

이창호 최신형 신수신정석 시리즈

1 21세기 신수신정석 1, 2, 3, 4, 5

대한바둑협회·성기창

1 현대바둑총론-문제풀이편(바둑지도자 자격증 문제수록)
2 현대바둑총론-기초이론편

다산 특별 강의 시리즈

1 목표에 의한 맥의 구사
2 눈부신 급소를 찾아 1, 2
3 눈부시게 아름다운 끝내기 1, 2
4 이창호·양건의 즐거운 응수타진
5 김성래의 한국바둑 왜 강한가?
6 김승준·김창호의 이것이 한국형 1, 2

편집부 손에 잡히는 바둑 시리즈(문고판 12권)

남치형 Speak in Baduk –바둑으로 배우는 영어–

다산출판사 서울시 마포구 대흥로 6길 8 다산빌딩 402호 TEL : 717-3661~2(代) FAX : 716-9945
www.dasanbooks.co.kr 온라인계좌 : 국민은행 054901-04-167798 예금주 : 박은자

『(사)세계인공지능바둑연맹』의 인공지능(AI) 바둑 연구 개발 성과 및 출판을 통한 바둑 보급 특별 프로젝트!

AI 기초 입문 바둑 시리즈 (고급 양장본)

쉽고 즐겁게 배우는 AI 왕초보 바둑

원리적인 접근으로 누구나 쉽고 재미있게 배울 수 있는 왕초보 바둑 입문서!
인공지능(AI) 바돌이와 함께 재미있는 바둑의 세계를 체험할 수 있어요.

수학을 활용한 AI 기초 바둑

수학의 기본 개념을 통해 누구나 쉽게 원리를 깨우칠 수 있는 기초 바둑 입문서!
인공지능(AI) 바돌이와 함께 재미있는 바둑의 세계를 체험할 수 있어요.

지능개발 AI 바둑 전략 전술

지능개발을 목적으로 한 바둑 전략 전술 활용서!
인공지능(AI) 바돌이와 함께 재미있는 바둑의 세계를 체험할 수 있어요.

세계인공지능바둑연맹 · 성기창 공저 / 200면 / 정가 각권 16,000원

『(사)세계인공지능바둑연맹』 아카데미 연구회의
AI 바둑 연구 결과물을 토대로 특별하게 기획 제작된 다산출판사 AI 바둑 시리즈입니다.

⠿ (사)세계인공지능바둑연맹 총재 : 이인제

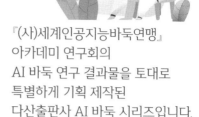

설립 : 2020년 11월
World Artificial Intelligence
Baduk Federation

⠿ 성기창 아마 6단
• (사) 세계인공지능바둑연맹 바둑연구소 소장
• (前) 명지대학교 바둑학과 강사
• 이창호 신수신형 등 약 200여 권의 바둑도서 집필

AI 기초 완성 바둑 시리즈 (고급 양장본)

쉬워도 너무 쉬운 AI 바둑 입문

어렵게만 느껴지는 바둑을 완전 초보자도 쉽게 이해할 수 있도록 구성한 성인 바둑 입문서!
바둑의 기본 규칙 및 실전 요령을 원리를 통해 쉬워도 너무 쉽게 구성한 것이 특징.

원리를 통해 쉽게 배우는 AI 기초 행마법

행마의 기본 개념과 활용법을 원리를 통해 누구나 쉽게 터득할 수 있는 기초 행마 입문서!
AI가 강력 추천하는 6가지 기본 행마법을 터득하는 것이 바둑의 출발점!

초보도 쉽게 이해되는 AI 기초 사활

사활의 기본 개념을 원리적으로 접근하여 학습할 수 있는 기초 사활 입문서!
AI가 추천하는 사활 문제 해결 방식을 적용하다 보면 어렵게 느껴지는 사활 문제도 이젠 척척 풀어낼 수 있어요!

세계인공지능바둑연맹 · 성기창 공저 / 256면 / 정가 각권 18,000원

AI 고급 바둑 시리즈 (고급 양장본)

실전에 꼭 나오는 AI 정석의 맥

"정석을 모르면 바둑을 두지 마라"라는 격언이 있는데 AI에 의해 대변혁의 과정을 거친 바둑의 정석.
실전에 꼭 나오는 기본 정석의 맥을 알기 쉽게 정리한 현대판 정석의 맥 교과서!

유단자가 반드시 알아야 할 AI 공격 전술

고수가 되기 위해 반드시 익혀두어야 할 중반전의 핵심 기술 중 하나인 공격! 바둑의 묘미를 한껏 만끽할 수 있는 신개념 AI 공격 기술서!

유단자가 반드시 알아야 할 AI 침투와 수습

공격 기술과 더불어 중반전에 반드시 터득해야 할 또 다른 중요한 기술 중 하나는 침투와 수습 능력!
AI에게 배우는 화려한 침투와 수습 능력은 유단자가 갖추어야 할 필수 항목!

세계인공지능바둑연맹 · 성기창 공저 / 256면 / 정가 각권 18,000원

다산출판사 02-717-3661